COLLECTION POÉSIE

GEORG TRAKL

Crépuscule et déclin

SUIVI DE

Sébastien en rêve

ET AUTRES POÈMES

Préface et notes
de Marc Petit

Traduction de Marc Petit
et Jean-Claude Schneider

nrf

GALLIMARD

PRÉFACE

« *Qui peut-il avoir été ?* » *Rilke ne pose la question que pour nous interdire à jamais d'y répondre.* « *Car on comprend vite que les conditions dans lesquelles ce chant s'élève et s'éteint sont irréductiblement uniques, comme les circonstances d'où naît un rêve. Il me semble que si proche que l'on soit de ce monde, ces vues, ces aperçus n'arrivent jusqu'à nous qu'au travers d'une vitre. On en demeure exclu : l'expérience de Trakl est comme faite d'images dans le miroir et emplit tout son espace impénétrable comme l'espace du miroir...* »

« *Saisi, stupéfait, plein de pressentiments et démuni* », *nul mieux que l'auteur des* Sonnets à Orphée *n'a su exprimer la singulière fascination que l'œuvre de Georg Trakl n'a cessé d'exercer sur ses lecteurs depuis ces jours de l'hiver 1915 où parut* Sébastien en rêve, *quelques mois après que le poète se fut, volontairement ou non, donné la mort à l'hôpital militaire de Cracovie. Et comme, depuis l'histoire arrivée au jardin d'Éden, chacun sait que les interdictions sont faites pour être transgressées, une gigantes-*

que pile de thèses érudites, d'études et de commentaires oiseux ou pénétrants n'a cessé de s'accumuler sur cette œuvre, tel le volumineux couvercle de sarcophage qu'évoque Mallarmé à propos du tombeau d'Edgar Poe, pour assurer — je cite ses paroles de mémoire — que l'ombre du poète n'en sortirait jamais. Longtemps méconnu, l'auteur d' « *Hélian* » *et de* Sébastien *est aujourd'hui l'un des plus disséqués des lettres allemandes. Pourtant, ouvrons le livre et le miracle opère, pareil à ceux dont les martyrs furent les témoins au milieu des fauves. Les pavés de l'ours, même ceux lancés par Martin Heidegger, à son contact deviennent légers comme les gouttes d'eau glissant sur les plumes d'un canard. À notre tour, jetons quelques cailloux dans l'eau de la mare, pour montrer où c'est : l'onde dissipée, ce sera comme si nous n'avions rien dit, le miroir intact.*

Trakl est le plus grand des poètes expressionnistes. Ce qui n'a guère de sens : puisque c'est, entre autres, à partir de son œuvre, mais non de son aspect le plus original, qu'on a défini l'expressionnisme littéraire. Ou bien encore : le troisième homme de la fabuleuse triade des poètes autrichiens du début du siècle. Ce qui est vrai, mais nous oblige d'emblée à l'en détacher. Car si Rilke parle, si Hofmannsthal parle, l'un pour dire ce qu'il fait, l'autre pour faire la théorie de l'impossibilité dans laquelle il se trouve d'écrire, Trakl, lui, se tait. Son œuvre est brève, plus brefs encore ses commentaires. C'est encore Rilke qui, se prononçant à la place du muet, en a le mieux parlé : le poème de Trakl, écrit-

il à propos d'« Hélian », est « pour ainsi dire construit sur ses silences. Quelques clôtures entourant l'infinie non-parole : voilà à quoi ressemblent ces vers-là. » — Que dire de plus ?

Franchement, ce n'est pas la matière qui manque. Une vie ratée, mais le plus magistralement du monde. Poète maudit, Trakl l'a été avec un esprit de suite sans égal. Drogue, inceste, folie, suicide, ne sont pas chez lui des thèmes littéraires, mais un art de vivre. Et puisque, quoi qu'on dise sur la primauté de l'œuvre face à la vie, et même sur la contradiction existant entre les deux, le discours biographique revient toujours à la charge en fin de compte, n'éludons pas cet exercice obligé. Le nôtre sera court : le bref, mais dense curriculum vitae de Trakl nous y autorise.

Trakl Georg, né le 3 février 1887 à Salzbourg (Autriche). Père commerçant, Souabe luthérien de Hongrie, mère catholique d'ascendance pragoise, un peu artiste. Enfance triste et moite dans un milieu étouffant plein de non-dits. Décor baroque, églises sinistres, cimetières délicieux où l'on expose les morts dans des logettes. L'inceste très tôt, mais il n'y a pas encore de mots pour dire cela, seulement des lieux, de grandes chambres sombres et de grands jardins étoilés pleins de cachettes. Grete, c'est le nom de la sœur, de cinq ans plus jeune, sans doute le seul véritable amour de la vie de Trakl. Un enfant peut-être est né de cette liaison, n'a pas vécu — fameux débat, depuis quelque temps, parmi les criminologues de la critique formés à l'école de Conan Doyle et du Washington Post *(quand ce n'est pas à celle de Lombroso). Et puis la drogue, toutes les drogues, du chloroforme à la cocaïne en passant par l'opium, le véronal et le bon vieux vin du Tyrol ou de la forêt viennoise. Études moyennes, le métier choisi est celui de pharmacien à cause de la drogue. Équilibre psychique de plus en plus chancelant, sueurs, agoraphobie. Enfin la guerre, un ébranlement terrible, et une nuit — 3 novembre 1914 — la mort, due à une overdose de cocaïne « ayant entraîné la paralysie du muscle cardiaque ». Suicide ou accident, on ne saura jamais, mais à ce degré d'enfoncement dans la nuit quelle différence ?*

Évidemment, cette carcasse spectaculaire de vécu vrai n'a pas de forme si on la coupe de ce qui lui donne sens, ou dont le sens s'échappe. Car cette existence, qui semble vouée à une entreprise de destruction systématique, est tout entière habitée par une passion et disons-le, une sorte de religion : celle de l'art de la poésie. Activité qui, chez Trakl, n'est ni confession, ni « expression » au sens ordinaire, mais un exercice de salut, comme l'atteste un aphorisme souvent cité et d'autant plus précieux que ce genre d'aveu est rare sous la plume du poète : « Sentiment dans des instants où la vie est semblable à la mort : tous les êtres sont dignes d'amour. Au réveil, tu sens l'amertume du monde ; il y a là toute la dette que tu n'as pas rachetée : ton poème, une expiation incomplète. »

Ainsi, à contre-jour, à contre-nuit plutôt, un autre curriculum vitae trakléen se dessine, celui de l'écrivain, gouverné tout entier par la passion de construire comme le premier l'était par celle de la destruction. « À celui-là seul qui méprise le bonheur, sera donnée la connaissance », écrit sous son portrait le poète de dix-huit ans qui (on peut le croire sur parole) sait ce qu'il dit. Dans cet exercice, tout s'inverse, jusqu'à la signification même du sacrifice. Le but de l'œuvre du poète est la vérité, la réconciliation, la paix : la transfiguration en beauté de tout ce qui est là vécu, jusqu'à l'horreur. Les chamanes le savent, qui se chevauchent eux-mêmes jusqu'aux limites de la mort, transformant le corps en monture de l'âme cavalière. Au risque de le faire crever sous eux. Ce qui n'importe guère. La mort de Trakl, ni but ni fin, n'est qu'un accident du travail.

Trakl artiste, Trakl heureux dans ce non-lieu de l'écriture où les signes de la vie s'inversent comme dans le miroir, où la douleur devient musique et le mal se métamorphose. Où les figures, qu'elles soient réelles, imaginaires ou littéraires, arrachées à leur contexte, désintégrées, réinvesties, n'émergent de l'ombre que pour plonger à nouveau de l'autre côté, *articulées en constellations nouvelles, images de kaléidoscope ou hiéroglyphes : dans cet espace dont parlait Rilke, sans profondeur, sans épaisseur, et qui paraît de ce fait immense, plein de secrets inviolables. Mais il n'existe aucune clef pour y entrer. Aucune porte. Cet univers en trompe-l'œil est toute transparence. Nul n'y pénètre par effraction : l'image se trouble ou se fragmente. Aller vers Trakl, c'est pas à pas le suivre, marcher dans son ombre en sachant qu'on ne le rejoindra jamais : fascination distante, intimité lointaine qui évite de poser des questions, plus encore d'y répondre, trop occupée à ne pas perdre de vue la trace essentielle : le texte lui-même qui, mot à mot, disposant ses failles et ses pièges, par-dessus d'incroyables abîmes, distille son pouvoir d'émotion.*

Cette magie est le produit d'un travail. D'une culture, qu'il a fallu que Trakl apprenne à maîtriser. Quiconque lit les poèmes du recueil de 1909 (non publié du vivant de l'auteur) est frappé par le nombre de réminiscences littéraires qui font plus que l'encombrer : constituent l'ossature, ou le moule du langage poétique, ou sa trame. Baudelaire, Maeterlinck, Hofmannsthal, le Jugendstil *— c'est dans ce que nous appellerions, en France, la mouvance « décadente » du symbolisme que s'inscrit le jeune Trakl. Ajoutons à ces influences, celle de Nietzsche, entrant en une curieuse combinaison avec l'héritage romantique (Novalis) et — fait de civilisation — la tradition baroque et catholique de la vieille Autriche ; sans oublier, bien sûr, l'importance de Rimbaud, (mal) traduit par Klammer, dont Trakl ne cessera jamais de s'inspirer, en commençant assez logiquement par l'œuvre de jeunesse avant de s'approprier, vers septembre 1912, l'image et le phrasé des* Illuminations. *Mais déjà, dans les meilleurs textes du recueil de 1909 et certains autres, datant à peu près de la même époque, que Trakl jugera bon d'insérer en partie dans son premier volume de* Poèmes (Crépuscule et déclin), *publié en 1913, un ton particulier, une sorte de « frisson nouveau » s'élève soudain, comme naissant d'une musique trop voulue une autre, plus subtile, bâtie sur des « écarts intérieurs » (Rilke, toujours, dans la même lettre de 1915 adressée à Ludwig von Ficker) et qui, entre les sons, sait répartir ces vides, ces silences, qui font toute la résonance de la phrase :*

Un visage de bête dans la verdure brune
Craintif me darde, les buissons couvent.
Très loin chante avec des voix d'enfants
Une vieille fontaine. J'écoute.
. . . .
Vieille légende d'amour sur fond d'or.
Vers la colline les nuages étalent leur silence.
Dans le miroir spectral de l'étang
Des fruits font signe, lumineux et lourds.

(Époque, 1909)

On perçoit là ce qui fait l'originalité de la démarche de Trakl. Le moi romantique, omniprésent dans les premiers poèmes, n'est plus qu'un je. « J'écoute » — et cette écoute, cette attention aux choses (intérieur et extérieur confondus, monde et rêve) a le pouvoir d'abolir, en même temps qu'elle l'exprime, l'instance inconsistante et mouvante du sujet. Démarche en un certain sens régressive, et périlleuse, puisqu'elle vise à cerner au plus près la sensation pure, l'indivision première du moi et du monde, cet « infernal chaos de rythmes et d'images » qu'évoque le poète dans une lettre de juillet 1910 à Erhard Buschbeck. Mais aussi progressive, créatrice, libératrice, car en nommant le chaos, elle l'ordonne en un discours qui, s'il n'est pas logique au sens habituel du terme, n'en reconstitue pas moins un monde : formé, structuré.

De là procède ce que Trakl, par deux fois, dans une lettre, s'est risqué à appeler sa « manière ». En l'absence de tout « art poétique », de tout programme comparable, par exemple, à celui des « lettres du Voyant » de Rimbaud, la critique (nous y fûmes, Jean-

Claude Schneider et moi, pour quelque chose, cf. notre préface aux Œuvres complètes *de Trakl, p. 9) a pris l'habitude de citer — principale pièce à conviction, devenue le point de départ d'infinies controverses — ce passage d'une autre lettre à Buschbeck, de 1911, où le poète, évoquant son travail d'écriture, met en avant l'idée d'un lyrisme impersonnel :*

« Ci-joint le poème refondu. Il est meilleur que dans sa première version dans la mesure où il est maintenant impersonnel, et plein à craquer de mouvement et de visions. Je suis convaincu qu'il te parlera davantage dans cette forme universelle que dans celle, étroitement personnelle, de la première version. Tu peux croire que j'ai et que j'aurai toujours du mal à me soumettre sans conditions à ce qu'il faut représenter, et il faudra que je me reprenne sans cesse pour rendre à la vérité ce qui appartient à la vérité. »

Trakl, il est vrai, n'est pas Rimbaud, et Rémy Colombat a raison de souligner l'absence, dans ses conceptions, de toute perspective révolutionnaire, ou seulement utopique, qui lierait l'activité poétique à un projet social. Il n'en demeure pas moins que les phrases que nous venons de citer rejoignent sur plus d'un point celles de Rimbaud écrivant à Georges Izambard, le 13 mai 1871 : « Votre poésie subjective sera toujours horriblement fadasse », et le 15 du même mois, à Paul Demeny : « Je est un autre [...]. Cela m'est évident : j'assiste à l'éclosion de ma pensée : je la regarde, je l'écoute : je lance un coup d'archet : la symphonie fait son remuement dans les profondeurs, ou vient d'un bond sur la scène [...]. Le Poète se fait voyant *par un long, immense et raisonné* dérèglement *de* tous les sens

[...]. Si ce qu'il rapporte de là-bas a forme
forme ; si c'est informe, il donne de l'in
Cette langue sera de l'âme pour l'âme, résum
parfums, sons, couleurs, de la pensée accrochant la pensée et tirant. »

Et de fait, toute question d'influence mise à part, il n'est pas faux de dire que le travail de Trakl sur le langage, visant à dépasser les limites assignées au lyrisme d'expression personnelle, assure à l'auteur d'« Hélian », dans l'histoire de la poésie allemande, une place analogue à celle de Rimbaud en France : celle de fondateur de la modernité poétique — ou de refondateur, si l'on se réfère à l'œuvre de Hölderlin dans les années 1802-1807 — concurremment avec le dernier Rilke, dont le travail sur la métaphore abstraite s'apparenterait, lui, plutôt à celui de Mallarmé.

L'avancée de Georg Trakl vers cette modernité de l'écriture, la conquête de sa « manière », se déroulent à l'intérieur d'un laps de temps très bref (cinq ans), dans lequel on peut distinguer plusieurs étapes.

De 1909-1910 à l'été 1912, Trakl travaille sur les formes poétiques héritées de la tradition post-romantique et symboliste : principalement le sonnet et le poème en quatrains. Le vers est généralement régulier, construit selon le principe de la métrique allemande traditionnelle (« accentuelle », c'est-à-dire basée sur l'alternance des temps forts et des temps faibles), et le schéma des rimes est scrupuleusement respecté. Sans briser ce moule, Trakl fragmente la strophe en plusieurs séquences par l'usage d'une ponctuation forte qui *limite l'unité syntaxique à un ou deux vers, parfois moins. Le style est presque toujours nominal, souvent abrupt : sans toucher à la mélodie, Trakl rompt avec le discours lyrique, transformant sonnet et quatrains en une juxtaposition, parfois en une pure énumération d'assertions poétiques, chacune centrée sur une image concrète, simple ou complexe (synesthésies). À ce niveau, qui correspond si l'on veut au passage de Baudelaire au Rimbaud de « Voyelles », l'écriture de Trakl ne se distingue guère de celle de l'autre grand poète post-rimbaldien qu'est Georg Heym (1887-1912). C'est du même modèle que procède le gros de la poésie expressionniste allemande, de Paul Zech, Van Hoddis et Alfred Lichtenstein à leurs innombrables épigones des années vingt.*

Vers septembre 1912, Trakl fait éclater la « vieillerie poétique ». Sans renoncer à pratiquer à l'occasion le vers régulier (il écrira des poèmes rimés jusqu'en juillet 1914), il inaugure un autre type d'écriture, sans contrainte métrique, dont « Psaume » et « De profundis » offrent les meilleurs exemples. S'inspirant du Rimbaud des Illuminations, *il abandonne la rime et l'alternance des accents, dérègle le vers qu'il allonge ou raccourcit selon le rythme propre à la succession des images, à la « vision », au jeu verbal. La thématique s'en trouve pulvérisée : le motif, jusque-là souvent emprunté à la réalité, paysage, saisons, et signalé par le titre, s'évapore, cédant la place à des associations d'images. Celles-ci, arrachées à tout contexte anecdotique, n'ont pas de statut, de contenu, de signification en dehors de l'espace propre du poème. Elles sont en migration perpétuelle. Venus de lectures (les textes de*

Rimbaud, de Maeterlinck, de Hölderlin sont pour Trakl, au sens propre, une « mine » d'images), de choses vues dans le spectacle de la nature, le souvenir ou les rêves, mais aussi certainement de purs hasards, rencontres de mots, télescopages — retravaillés et refondus dans le mystérieux creuset d'une âme auquel nous n'aurons jamais accès, ces pictogrammes agencés en d'infinies combinaisons n'en acquièrent pas moins (c'est là le miracle propre à cette poésie) une extraordinaire force de suggestion. En réduisant le vocabulaire, en simplifiant la syntaxe, Trakl réussit à créer un monde qui n'appartient qu'à lui : monde clos, car composé d'un nombre d'éléments restreint, mais en même temps ouvert, varié, plein de surprises, où l'invention déjoue toujours l'attente, et pourtant la comble.

Au retour
Les bergers trouvèrent le corps suave
Pourri dans le buisson d'épines.

Je suis une ombre loin d'obscurs villages.
À la source du bois j'ai bu
Le silence de Dieu.

Sur mon front vient du métal froid.
Des araignées cherchent mon cœur.
Il y a une lumière qui s'éteint dans ma bouche.

De nuit je me trouvai sur une lande,
Roidi d'ordures et de poussière d'étoiles.
Dans les taillis des noisetiers
Bruirent à nouveau des anges de cristal.

(De profundis)

sent : chaque mot du poème est investi de mais d'une douleur pour ainsi dire cristallisée, urée. Les images, quoique irréelles, sont concrètes, parlent aux sens. Par fragments, telles les pièces d'un puzzle inachevable, elles font voir. *La vision n'est pas au départ, comme dans le genre fantastique, mais à l'arrivée, dans le discontinu construit du rêve des mots. On pense à la musique de l'école de Vienne, à la peinture du* Cavalier bleu. *C'est là, sans doute, qu'il faut chercher des correspondances, plus que du côté de la littérature expressionniste, souvent démonstrative.*

À partir d' « Hélian » (décembre 1912) et jusque vers mai 1914, le lyrisme de Trakl se déploie dans tout son espace, du grand format de l'élégie (« Sébastien en rêve », « En chemin », « Printemps de l'âme ») à la merveille ciselée, impondérable, du haïku *(« Élis », « Le soleil », « Été »). C'est à partir de ces chefs-d'œuvre, concentrés autour de l'année 1913 et presque tous recueillis, à l'exception d' « Hélian », dans le recueil* Sébastien en rêve, *que les critiques les plus sensibles, tels Walther Killy et Bernhard Böschenstein, ont essayé de cerner la spécificité de l'écriture et de l'univers de Trakl, si différents de ceux des auteurs du* Sturm *et de l'*Aktion, *à l'époque les deux principales revues de l'avant-garde, toutes deux berlinoises.*

Au printemps 1914, cependant, la manière du poète amorce une mutation qui la rapproche quelque peu de ce style d'époque et de l'idéologie lyrique qui le soustend, le « Nouveau Pathos ». Un séjour à Berlin, la lecture des odes de Hölderlin, sans doute aussi la pression des événements, entraînent Trakl à rompre avec le ton élégiaque, si bien accordé à la souplesse du vers. Le phrasé se raidit, devient plus haché, plus tranchant. Ce style hymnique, qu'annonce un poème comme « Occident », s'affirme sans vraiment s'épanouir dans les poèmes tardifs publiés dans la revue Le Brenner. *La juste célébrité dont jouit le dernier poème de Trakl, « Grodek », qui dénonce la guerre, ne doit pas faire oublier que c'est dans la phase antérieure que l'auteur d' « Élis » a atteint la pleine maîtrise de son style propre. Quant aux poèmes en prose, de « Nuit d'hiver » et de « Métamorphose du mal » au chef-d'œuvre qu'est « Rêve et folie » et à « Révélation et anéantissement », leur unité d'écriture est à peu près entière jusqu'au bout : elle se rattache au style de 1913.*

La récurrence des thèmes (crépuscule et déclin), la constance avec laquelle reviennent sous la plume de Trakl les mêmes images, sans cesse combinées de manière imprévisible — images d'une beauté pure, charnelle ou surnaturelle d'un côté, images de la mort et de l'horreur de l'autre ; le retour, dans chaque poème, des mêmes figures tutélaires, l'oiseau, la sœur, l'enfant, le gibier, l'ange, l'étranger... ; tout ce qui, en somme, fait qu'un texte de Trakl est toujours immédiatement reconnu comme tel, donnant accès à un monde propre, mystérieusement familier — autant de traits qui, joints à sa réputation d'hermétisme, ont assuré au poète de « Rêve et folie » une place de choix parmi les victimes de la critique interprétative.

Longtemps, le cercle du Brenner *et son inspirateur, Ludwig von Ficker, ami et confident du poète, ont répandu l'image d'un Trakl dostoïevskien, mystique et martyr, délivrant dans son œuvre un message de rédemption. Cette image est sans doute moins fausse qu'on ne l'a dit, même si le principal témoignage allant dans ce sens, une conversation rapportée par Hans Limbach, et située en janvier 1914, est sujet à caution. Il est d'autre part certain que l'imaginaire trakléen est riche en références et en connotations religieuses, et qu'une partie de la charge émotive de cette poésie provient précisément de son ancrage dans la sensibilité chrétienne.*

*L'erreur serait pourtant de croire que le « contenu » des poèmes de Trakl puisse être assimilé à un tel message traduisible en clair. L'école positiviste et la critique freudienne, qui cherchent à décrypter le texte en relevant des « indices », tombent dans le même travers à partir d'une position idéologique inverse (nous n'évoquerons pas ici la lecture de Heidegger, ni celle de Jean-Michel Palmier qui l'a vulgarisée en France : on se reportera au numéro d'*Austriaca *consacré à Trakl, où Gerald Stieg fait une mise au point définitive sur ces deux cas).*

Quand Walther Killy, auquel on doit la publication, aux côtés de Hans Szklenar, de la monumentale édition critique de l'œuvre de Trakl, révéla, dans une série d'études destinées à faire date et qui constituent, aujourd'hui encore, la meilleure introduction à la lecture des poèmes, le visage réel de l'écriture de Trakl dans ses manuscrits (en l'occurrence les brouillons d' « Hélian »), il devint clair que personne désormais ne pourrait plus traiter du « contenu » ou du « message » exprimé par ces vers comme d'une chose allant de soi.

Dans l'extraordinaire chantier des manuscrits, il n'est pas rare en effet de découvrir, pour un seul mot, des séries de variantes telles que :

marchant / somnolant / rêvant / veillant
chanta / mourut / se tut / résonna / sombra
glacée / toujours en éveil / brûlante / glacée
doucement / furieusement / doucement / sans bruit.

Sachant qu'une figure poétique opère la conjonction d'au moins deux vocables, et souvent bien davantage, on imagine sans peine de quel vertigineux système combinatoire procède ici la composition du texte. Dès lors, peut-on encore parler du « sens » d'une phrase, sachant quelle instabilité, quelle mobilité préside à l'agencement de ces liaisons moléculaires ?

Certains en ont déduit que Trakl ne voulait rien dire, que la composition n'était chez lui qu'un jeu aléatoire, collage ou montage. Ce n'est certainement pas cette vue que nous exprimions dans notre préface à la traduction des Œuvres complètes, *en mettant en avant les notions d'impersonnalité, de neutralité, et en évoquant les personnages et* numina *dont l'apparition hante les vers du poète comme autant de « figures de rencontre ». Car si c'est souvent par hasard (et comment le nier ?) que telle ou telle figure fait son entrée dans le texte, c'est par nécessité que le poète l'y maintient, la déplace, la combine à d'autres ou la métamorphose. « Ce qu'il faut représenter » (ou « mettre en scène » :* darstellen*) n'en est pas moins irréductible à un objet précis. Si Trakl, parfois, oscille entre « nymphe » et « nonne », une maison « accueillante »* *ou « fermée », « accomplissement » et « ruine », ce n'est pas par inconséquence, ni par l'effet d'un phénomène d'ambivalence ou d'équivalence des contraires. C'est entre les deux termes, dans le vide médian, dans le jeu de tension entre les deux pôles, que se situe « ce qu'il faut mettre en scène ». « Non-dit central » (Walther Killy), « indicible » — ce mot hante le texte de Trakl —, ce lieu est à la fois l'origine du poème, son centre d'émotion et son horizon ultime. Par exemple, dans l'inceste, ce qui n'a pas de nom, le point où innocence et faute sont indissociées. Ou dans une même vision, l'imminence à la fois de la mort et de l'accomplissement :* Offenbarung und Untergang. *« Ce sur quoi on ne peut parler, il faut le taire » : l'œuvre de Trakl, c'est ce qui la rend si désespérément belle — belle à en mourir —, est tout entière construite sur la transgression du fameux précepte de Wittgenstein. Magie blanche contre magie noire — aux expériences-limites du vécu, elle répond par un même travail à ses propres frontières. Si le poète descend dans l'abîme, c'est pour l'affronter, le piéger en déployant toute une stratégie d'écriture. Faute de dire l'indicible, il cherche à l'encercler, ce qui est une autre façon d'en parler : en le taisant.*

Ainsi s'éclaire peut-être le faux hermétisme de Trakl, lié à ce jeu subtil de la maîtrise et de l'hésitation où Nicolas de Staël voyait tout le secret de l'art.

Le poète joue en virtuose des ambiguïtés de la langue, privilégiant les formes impersonnelles, les mots au sens indéterminé : voir sa prédilection pour l'adjectif neutre substantivé, ein Dunkles, ein Fremdes *(« de l'obscur », « de l'étranger »), de même que pour les mots* dämmern, Dämmerung — « *crépuscule* » *dont on ne sait si la pénombre marque le passage du jour à la nuit, ou bien l'inverse.*

Quand l'image se développe, on entre dans un jeu d'antithèses réversibles à l'infini. Si je dis « *bleu* », *je vois le ciel, et* « *pourrissant* » *l'annule ;* « *muet, un mort* » — *ainsi posé en tête du vers* — « *quitte la maison* ». « *Chute d'étoiles* » *suscite* « *le doux chant de l'enfance* » *et* « *la peur des forêts englouties* », « *accalmie de l'âme* ». *Dans chaque cas, les deux expressions aux contenus d'émotion contraires se juxtaposent en conservant leur valeur propre ; mais en même temps, par une sorte d'effet stéréoscopique, elles se combinent, donnant naissance à une image synthétique.*

Dans les poèmes en prose, ce jeu multiplié devient récit, bouleversant toute logique narrative. Si chaque fois, le mouvement général du texte conduit au néant, les phrases et les séquences s'enchaînent de manière chaotique, répétitive, sans gradation, telles les images d'un rêve ou d'une hallucination.

À l'opposé, l'antithèse se condense parfois dans ce qui ressemble, à première vue, à un oxymoron baroque — « *neige noire* », « *nuit blanche* » — *provoquant une illumination soudaine, presque aveuglante, par une sorte d'effet de court-circuit :*

L'âme tait le printemps bleu. *(Dans l'ombre)*

Abîme rayonnant du soleil. *(Printemps de l'âme)*

Des monts : noirceur, mutisme et neige. *(Naissance)*

Minute de métal : midi, désespoir de l'été. *(Au long des murs)*

Un pas de plus, et Trakl débouche, non loin du Rimbaud d' « Enfance » et des fragments de Hölderlin, sur un nouvel espace de beauté, le tout dernier (en termes de logique poétique, sinon de chronologie) où l'on dirait qu'il rejoint les grands maîtres de la poésie du vide, chinois ou japonais. Aux confins du monde, dans cette zone limite qu'on appelle en astronomie le « terminateur », apparaissent soudain, saisis dans leur simplicité première, leur évidence la plus nette, les dernières images du monde visible, jalons ultimes du parcours qui depuis toujours déjà, achemine la parole du poète vers son mutisme :

Un gibier bleu
Saigne sans bruit dans les fourrés d'épines.

Un arbre brun se dresse là, défunt ;
Ses fruits bleus de lui se sont détachés.

Signes et astres
Sombrent doucement dans l'étang du soir.

Derrière la colline, l'hiver est venu.
. . . .
Toujours sonne
Contre les murs noirs le vent solitaire de Dieu.

(Élis)

Le silence, le blanc, cessent alors d'être une limite du dire pour entrer en lui ; ils deviennent un élément de sa structure, l'aèrent, l'épurent jusqu'au point où, semble-

t-il, on ne peut plus distinguer ce qui est dit de tout ce qui, autour, après lui et avec lui, se tait. Trakl a relevé le défi des paroles de Wittgenstein dont la véracité n'en reste pas moins intacte. Le silence en fin de compte l'emporte, comme la mort, mais à présent, on dirait qu'il est devenu tout entier musique au contact des mots.

MARC PETIT

Traduire Trakl est un exercice de rigueur et d'effacement. Le refus de l'éloquence, du bien-dire, des effets de style, la primauté du texte gagné mot après mot sur le flou et l'indécis du sentiment, tout ce travail visant à l'expression impersonnelle de « ce qu'il faut mettre en scène » dans le concret de la langue, appelaient une traduction aussi neutre que possible, qui ne fît pas écran au dire par le comment dire. L'exercice a été mené, du début à la fin, en commun par les deux traducteurs, dans le souci de ne faire prévaloir aucune préférence, aucun choix subjectif dans la restitution du texte. Le souci d'exactitude littérale nous a incités à respecter, dans la mesure du possible, les singularités évidentes et parfois inapparentes de la langue, de la syntaxe et de la construction du vers chez Trakl. Mot à mot, vers par vers, on a calqué le français sur la découpe originale du texte allemand, dans les limites permises. L'ambiguïté de certains mots et, souvent, des tournures grammaticales, a été autant que possible préservée,. de même que, par exemple, l'indéfinition de l'adjectif neutre substantivé, si propre à Trakl *(ein Dunkles, ein Menschliches...).* Une traduction systématique des stéréotypies linguistiques de Trakl, telle que Henri Meschonnic la préconise, si souhaitable qu'elle apparaisse en théorie, se serait néanmoins vite révélée impraticable, par excès de rigidité. De même, on a renoncé à l'idée de traduire les poèmes rimés et rythmés en vers réguliers (ils sont signalés à la table des matières par la lettre R.). La différence entre l'écriture des poèmes plus classiques de 1909-1912 et celle, moderne, des deux dernières années, s'en trouve inévitablement atténuée ; en revanche, le travail plus important de Trakl sur l'image apparaît sans déperdition — et la musique du vers n'est pas que dans le mètre.

Cette édition présente l'essentiel de l'œuvre de Trakl, à l'exclusion des poèmes de jeunesse et des variantes. Outre les deux recueils publiés du vivant de l'auteur et au lendemain de sa mort, *Crépuscule et déclin* et *Sébastien en rêve*, on y trouvera l'ensemble des poèmes parus en 1914-1915 dans la revue *Der Brenner*, ainsi qu'un choix de poèmes épars datant des trois dernières années, et le *Fragment de drame* de 1914. Nous avons restitué au premier recueil *Poèmes* le titre de *Crépuscule et déclin* qu'il portait à l'origine dans le manuscrit, comme semble nous y autoriser une lettre de Trakl citée p. 258.

Crépuscule et déclin

LES CORBEAUX

Au-dessus du coin de bois noir, à midi,
Se hâtent les corbeaux avec un cri dur.
Leur ombre effleure la biche
Et parfois on les voit se poser, mornes.

Ô comme ils troublent la quiétude brune
Dans laquelle un champ se délecte
Comme une femme captive d'un lourd pressentiment,
Et parfois on peut les entendre crier

Autour d'une charogne qu'ils flairent, quelque part,
Et soudain ils dirigent vers le nord leur vol
Et s'évanouissent comme un cortège funèbre
Dans les airs qui frissonnent de volupté.

LA JEUNE SERVANTE

Dédié à Ludwig von Ficker[1]

1

Près du puits souvent, quand le soir tombe,
On la voit se tenir, ensorcelée,
Puiser de l'eau, quand le soir tombe.
Le seau descendre et remonter.

Dans les hêtres les choucas volent
Et elle est pareille à une ombre.
Sa chevelure jaune vole
Et dans la cour crient les rats.

Et caressée par le dépérissement
Elle baisse ses paupières enflammées.
L'herbe sèche de dépérissement
Se couche à ses pieds.

2

Elle vaque en silence dans la chambre
Et la cour depuis longtemps est vide.

Dans le sureau devant la chambre
Plaintivement chante un merle.

Son reflet d'argent dans le miroir
La regarde, étranger, dans le clair-obscur
Et s'efface pâle dans le miroir
Et elle s'effraie de sa pureté.

Rêveusement chante un valet dans l'ombre
Et elle fige son regard, secouée de douleur.
Une rougeur goutte à travers l'ombre.
Le vent du sud secoue brutalement la porte.

3

La nuit, sur la terre nue du pré,
Elle folâtre dans des rêves de fièvre.
Le vent pleure et bougonne dans le pré
Et la lune écoute dans les arbres.

Bientôt les étoiles alentour blêmissent
Et épuisées par les misères
Ses joues de cire blêmissent.
La terre sent la pourriture.

Tristement bruit le roseau dans la mare
Et elle tremble de froid, accroupie.
Au loin chante un coq. Sur la mare
Le matin frissonne dur et gris.

4

Dans la forge gronde le marteau
Et elle passe en hâte devant la porte.
Rouge, le valet brandit le marteau
Et elle regarde comme morte.

Comme en rêve la blesse un rire ;
Et elle chancelle dans la forge,
Effarouchée par le rire
Dur et brutal comme le marteau.

Claires jaillissent dans la forge les étincelles
Et avec un geste malhabile
Elle cherche à saisir les sauvages étincelles
Et elle tombe étourdie à terre.

5

Étendue, languissante, dans son lit
Elle se réveille pleine de douce angoisse
Et elle voit la saleté de son lit
Voilé de lumière dorée,

Les résédas plus loin à la fenêtre
Et le ciel clair et bleuté.
Parfois le vent apporte à la fenêtre
Le tintement timide d'une cloche.

Des ombres glissent sur l'oreiller,
Lentement sonne l'heure de midi

Et elle respire péniblement dans l'oreiller
Et sa bouche est comme une blessure.

6

Au soir flottent de sanglants linons,
Des nuages au-dessus des forêts muettes
Qu'enveloppent de noirs linons.
Vacarme des moineaux dans les champs.

Et elle est couchée toute blanche dans l'ombre.
Un roucoulement s'exhale sous le toit.
Comme sur une charogne dans le buisson et l'ombre
Des mouches bourdonnent autour de sa bouche.

Rêveusement résonne dans le hameau brun
Un écho de danse et de violons,
Erre son visage à travers le hameau,
Flotte sa chevelure dans les branches nues.

ROMANCE NOCTURNE

Un solitaire sous la voûte étoilée
Va à travers le minuit silencieux.
Le garçon s'éveille confusément de ses rêves,
Son visage dépérit gris sous la lune.

La folle pleure, les cheveux libres,
À la fenêtre hagarde et grillagée.
Sur l'étang, pour un doux voyage,
Passent merveilleux les amants.

L'assassin sourit blême dans le vin,
Une épouvante mortelle saisit les malades.
La nonne prie meurtrie et nue
Devant le martyre du Sauveur en croix.

La mère doucement chante dans le sommeil.
Paisiblement l'enfant lève vers la nuit
Ses yeux qui sont très véridiques.
Des rires sonnent au bordel.

À la lueur du suif, en bas, dans la cave
Le mort peint de sa main blanche
Au mur un silence grimaçant.
Le dormeur chuchote toujours encore.

DANS LE FEUILLAGE ROUX PLEIN DE GUITARES...

Dans le feuillage roux plein de guitares
La chevelure jaune des filles flotte
Près de la haie où sont les tournesols.
Un charroi d'or traverse des nuages.

Dans le calme des ombres brunes se taisent
Les vieux qui s'enlacent gauchement.
Les orphelins doucement chantent à vêpres.
Des mouches dans des vapeurs jaunes bourdonnent.

Les femmes lavent encore au ruisseau.
Les linges étendus s'agitent.
La petite qui longtemps m'a plu
Revient à travers le soir qui tombe.

Du ciel tiède des moineaux s'abattent
Dans des trous verts pleins de pourriture.
À l'affamé donne l'illusion de guérir
Une odeur de pain et d'âpres épices.

MUSIQUE À MIRABELL[1]

Une fontaine chante. Les nuages sont
Dans le bleu lumineux, les blancs, délicats.
Gravement des hommes silencieux vont
Le soir à travers le jardin vieux.

Le marbre des ancêtres est devenu gris.
Une troupe d'oiseaux trace vers les lointains.
Un faune aux yeux morts regarde
Des ombres qui glissent à l'obscur.

Le feuillage tombe rouge du vieil arbre
Et tourbillonne par la fenêtre ouverte.
Une lueur de feu s'allume dans la pièce
Et peint de tristes spectres d'angoisse.

Un étranger blanc entre dans la maison.
Un chien se jette dans des couloirs délabrés.
La servante éteint une lampe,
L'oreille entend de nuit des accords de sonate.

MÉLANCOLIE DU SOIR

— La forêt qui s'étale défunte —
Et des ombres sont autour d'elle, comme des haies.
Le gibier sort tremblant de ses cachettes,
Tandis qu'un ruisseau glisse tout doucement

Et suit des fougères et de vieilles pierres
Et brille argenté sous l'entrelacs du feuillage.
On l'entend parfois dans des ravins noirs —
Peut-être que des étoiles aussi brillent déjà.

L'étendue sombre semble sans limites,
Villages épars, marécages et étangs,
Et quelque chose te donne l'illusion d'un feu.
Un reflet froid court sur les routes.

On pressent au ciel un mouvement,
Une nuée d'oiseaux sauvages émigre
Vers ces pays, les beaux, les autres.
S'élève et décroît l'émoi des roseaux.

CRÉPUSCULE D'HIVER

À Max von Esterle [1]

Ciels noirs de métal.
Dans des tempêtes rouges croisent
Au soir des corneilles folles de faim
Au-dessus des parcs hostiles et livides.

Un rayon meurt de froid dans les nuages ;
Et sous les blasphèmes de Satan elles
Tournent en rond et se posent
À terre, au nombre de sept.

Dans la pourriture douce et fade
Leurs becs fauchent sans bruit.
Des maisons menacent proches et muettes ;
Clarté dans la salle de théâtre.

Églises, ponts et hôpital
Se dressent effrayants dans la pénombre.
Linons tachés de sang, des voiles
Se gonflent sur le canal.

RONDEAU

L'or des jours est écoulé,
Les teintes brunes et bleues du soir :
Tues, les douces flûtes du berger,
Les teintes brunes et bleues du soir ;
L'or des jours est écoulé.

FEMME BÉNIE

T'avançant au milieu de tes femmes
Et tu souris souvent angoissée :
Des jours si inquiets sont venus.
Blanc se fane le pavot dans la haie.

Comme ton corps si parfaitement gonflé
Sur la colline mûrit, dorée, la vigne.
Au loin brille le miroir de l'étang
Et la faux sonne dans le champ.

Dans les buissons roule la rosée,
Rouges les feuilles s'écoulent.
Pour saluer la Notre-Dame
Un More t'approche brun et rude.

LA BELLE VILLE

De vieilles places se taisent au soleil.
Absorbées dans le bleu et l'or
Se hâtent, rêveuses, de douces nonnes
Sous le silence de hêtres lourds.

Dans les églises éclairées de brun
Regardent les images pures de la mort,
Les beaux écussons des grands princes.
Des couronnes étincellent dans les églises.

Des chevaux émergent de la fontaine.
Sur les arbres des fleurs sortent leurs griffes.
Des garçons jouent, étourdis de rêve,
Le soir doucement là-bas à la fontaine.

Des filles se tiennent au portail,
Timidement regardent la vie aux couleurs vives.
Leurs lèvres humides tremblent
Et elles attendent devant le portail.

Des sons de cloches volent, frémissants,
Une cadence de marche résonne, et des appels de sentinelles.
Des étrangers écoutent sur les marches.
Haut dans le bleu il y a des sons d'orgue.

Des instruments clairs chantent.
À travers le décor de feuilles des jardins
Frémit le rire de belles dames.
Des jeunes mères à voix basse chantent.

Familièrement passe devant des fenêtres fleuries
Une odeur d'encens, de goudron et de lilas.
Argentées scintillent des paupières lasses
Au milieu des fleurs, aux fenêtres.

DANS UNE CHAMBRE ABANDONNÉE

Fenêtres, parterres multicolores,
Entrent les sons d'un orgue.
Des ombres dansent sur les tapisseries,
Étrange ronde folle.

Embrasés les buissons s'agitent
Et vibre un essaim de moucherons,
Au loin dans les champs passent les faux
Et une eau vieille chante.

Le souffle de qui vient me caresser ?
Des hirondelles tracent des signes fous.
Doucement se dissipe dans l'illimité.
Là-bas le pays des forêts dorées.

Des flammes dansent dans les parterres.
Extase confuse de la ronde folle
Sur les tapisseries jaunâtres.
Quelqu'un regarde par la porte.

L’encens répand son odeur douce, et les poires,
Et s’assombrissent verre et coffre.
Lentement s’incline le front brûlant
Vers les étoiles blanches.

LE SOIR D'ORAGE

Ô les heures rouges du soir !
Devant la fenêtre ouverte se balance, lumineux,
Un fouillis de pampres enroulés dans le bleu
Et dedans nichent des spectres d'angoisse.

De la poussière danse dans la puanteur des caniveaux.
Bruyamment le vent secoue les vitres.
Troupe de chevaux sauvages,
Des éclairs fouettent des nuages crus.

Le miroir de l'étang vole en éclats.
Des mouettes crient près de la croisée.
Un cavalier de feu bondit de la colline
Et se brise en flammes dans les sapins.

Des malades piaillent dans l'hôpital.
Bleuâtre frémit le plumage de la nuit.
Étincelante déferle tout à coup
Une pluie sur les toits.

MUSE DU SOIR

À la fenêtre fleurie reviennent l'ombre du clocher
Et l'or. Le front brûlant se consume avec paix et silence.
Une fontaine coule dans l'obscurité des branches de marronniers —
Tu sens alors : tout est bien ! dans un épuisement douloureux.

Le marché est vide des fruits de l'été et des guirlandes.
L'éclat noirâtre du portail accorde les esprits.
Dans un jardin résonnent les sons d'un doux jeu,
Où des amis se retrouvent après le repas.

L'âme aime entendre les contes du mage blanc.
Alentour bruit le blé, que des faucheurs l'après-midi ont coupé.
La vie rude se tait, patiente, dans les cabanes ;
La lanterne de l'étable éclaire le doux sommeil des vaches.

Ivres de brises, les paupières bientôt tombent
Et s'ouvrent doucement aux signes étrangers des étoiles.
Endymion émerge de l'obscurité des vieux chênes
Et se courbe sur des eaux funèbres.

RÊVE DU MAL[1]

Se perdant, les sons d'or brun d'un gong —
Un amant se réveille dans des chambres noires,
La joue contre les flammes qui scintillent dans la fenêtre.
Sur le fleuve étincellent voiles, mâts, cordages.

Un moine, une femme enceinte là-bas dans la cohue.
Des guitares tintent, des tabliers rouges brillent.
Des marronniers dépérissent, oppressants, dans un éclat d'or ;
Noirs se dressent les fastes tristes des églises.

Sous des masques blêmes l'esprit du mal regarde.
Une place s'enténèbre effrayante et lugubre ;
Sur des îles, le soir, s'éveillent des murmures.

Les signes confus du vol des oiseaux sont lus
Par des lépreux qui pourriront peut-être avec la nuit.
Dans le parc, frère et sœur s'aperçoivent en tremblant.

CHANT SPIRITUEL

Un parterre de fleurs frémissant peint
Des signes, des broderies rares.
Le souffle bleu de Dieu entre
Dans la salle ouverte sur le jardin,
Entre gaiement.
Se dresse une croix dans la vigne vierge.

Entends au village beaucoup se réjouir,
Un jardinier près du mur fauche,
En sourdine un orgue joue,
Mêle son et reflet doré,
Son et reflet.
L'amour bénit pain et vin.

Des filles aussi arrivent
Et le coq jette son dernier chant.
Doucement une grille rongée bat
Et au milieu des rondes et des couronnes de roses,
Des rondes de roses,
Repose Marie, blanche et belle.

Un mendiant là-bas contre la vieille pierre
Semble être mort dans sa prière,
Paisiblement un berger revient de la colline
Et un ange chante dans le bois,
Proche dans le bois,
Pour endormir les enfants.

EN AUTOMNE

Les tournesols brillent derrière la clôture,
Des malades sont assis silencieux au soleil.
Les femmes s'affairent en chantant dans le champ,
Les cloches du couvent se mettent à sonner.

Les oiseaux te racontent la légende lointaine,
Les cloches du couvent se mettent à sonner.
On entend le son doux du violon dans la ferme.
Ils pressent aujourd'hui les raisins bruns.

L'homme se montre alors affable et gai.
Ils pressent aujourd'hui les raisins bruns.
Grandes ouvertes sont les chambres des morts
Avec les belles peintures que le soleil y fait.

À L'HEURE DU SOIR MON CŒUR

Au soir on entend le cri des chauves-souris,
Deux chevaux noirs gambadent dans le pré,
L'érable rouge bruit.
Au voyageur apparaît la petite auberge du chemin.
Merveilleuse saveur du vin jeune, des noix,
Merveille : chanceler ivre dans la forêt s'obscurcissant.
Au travers des branchages noirs sonnent de douloureuses cloches,
Sur le visage goutte une rosée.

LES PAYSANS

Vert et rouge sonores devant la fenêtre.
Dans la salle basse, noircie de fumée,
Les valets et les servantes sont attablés pour le repas ;
Et ils versent le vin et ils rompent le pain.

Dans le profond silence de l'heure de midi
Tombe de temps à autre une parole laconique.
Les terres scintillent constamment
Et le ciel plombé et vaste.

Dans le foyer la braise tremble grimaçante
Et un essaim de mouches bourdonne.
Les servantes écoutent interdites et stupides
Et le sang martèle leurs tempes.

Et parfois se rencontrent des regards pleins de désir,
Quand une odeur animale souffle à travers la pièce.
Un valet récite d'une voix monotone la prière.
Et un coq chante sous la porte.

Et de nouveau aux champs. Un effroi souvent
Les saisit dans la rumeur bourdonnante des épis
Et crissantes vont et viennent
Les faux fantomatiquement en cadence.

TOUSSAINT

À Karl Hauer[1]

Les petits hommes, les petites femmes, compagnons tristes,
Viennent aujourd'hui répandre des fleurs bleues et rouges
Sur leurs caveaux qui timidement s'allument.
Ils agissent devant la mort en pauvres marionnettes.

Ô ! comme ils semblent ici pleins de peur et d'humilité,
Quand des ombres se tiennent derrière les buissons noirs.
Dans le vent d'automne lamentent les pleurs de ceux qui ne sont pas nés,
On voit aussi des lumières se perdre en flammeroles.

Des soupirs d'amants s'exhalent dans des branchages
Et la mère là-bas pourrit avec l'enfant.
La ronde des vivants semble irréelle.
Et curieusement éparpillée au vent du soir.

Leur vie est si confuse, pleine de tourments tristes.
Aie pitié, Dieu, de l'enfer et du martyre des femmes,
Et de ces lamentations funèbres sans espoir.
Des solitaires en silence errent dans la salle des étoiles.

MÉLANCOLIE

Ombres bleutées. Ô sombres yeux
Qui longuement me regardent en passant.
Des sons de guitare accompagnent en douceur l'automne
Dans le jardin, dissous dans des lessives brunes.
Les ténèbres graves de la mort naissent
Sous des mains de nymphe, des lèvres rongées
Sucent des seins rouges et dans des lessives noires
Flottent les boucles humides de l'adolescent Soleil.

ÂME DE LA VIE

Dépérissement qui enténèbre vaguement le feuillage,
Dans la forêt habite son vaste mutisme.
Bientôt un village semble se coucher, fantomatique.
La bouche de la sœur murmure dans des branches noires.

Le solitaire bientôt disparaîtra,
Un berger peut-être sur de sombres sentiers.
Une bête sort sans bruit des arcades de l'arbre,
Tandis que les paupières s'ouvrent à la divinité.

La rivière bleue s'écoule belle,
Des nuages se montrent avec le soir ;
L'âme aussi dans un mutisme angélique.
Des formes périssables s'engloutissent.

AUTOMNE TRANSFIGURÉ

Dans la force s'achève ainsi l'année
Avec le vin d'or et les fruits des jardins.
Alentour se taisent merveilleuses les forêts
Et du solitaire elles sont les compagnes.

Alors le paysan dit : tout est bien.
Cloches du soir longues et calmes,
Dispensez pour finir la joie.
Une migration d'oiseaux salue au passage.

C'est la saison douce de l'amour.
Dans la barque au fil de la rivière bleue
Comme s'alignent, belles, image après image —
Cela, dans la paix et le silence, s'est couché.

LIEU PRÈS DE LA FORÊT

À Karl Minnich [1]

Châtaigniers bruns. En silence s'enfoncent les vieilles gens
Dans le soir apaisé ; de belles feuilles se fanent, molles.
Au cimetière, le merle plaisante avec le cousin mort,
L'instituteur blond reconduit Angèle.

Les images pures de la mort, de leurs vitraux, regardent ;
Mais leur fond sanglant parle de deuil et de ténèbres.
Le portail aujourd'hui reste fermé. Les clefs sont chez le sacristain.
Dans le jardin la sœur converse avec des ombres.

Dans les vieux celliers mûrit le vin en or, en pureté.
Odeur douce des pommes. De la joie brille pas trop loin.
Pendant la longue veillée, des enfants écoutent avec plaisir des contes ;
À la douce folie souvent se montrent aussi l'or, le vrai.

Le bleu s'écoule plein de résédas ; clarté des chandelles
dans les chambres.
Les modestes, un lieu bien en ordre les attend.
Longeant l'orée de la forêt descend un destin solitaire ;
La nuit paraît, ange du repos, sur le seuil.

EN HIVER

Le champ brille blanc et froid.
Le ciel est solitaire et immense.
Des choucas tournent au-dessus de l'étang
Et des chasseurs descendent de la forêt,

Un mutisme habite les cimes noires des arbres.
Le reflet d'un feu s'échappe des cabanes.
Parfois très loin sonne un traîneau
Et lentement monte la lune grise.

Un gibier saigne doucement sur le talus
Et des corbeaux pataugent dans des rigoles sanglantes
Le roseau frémit jaune et haut.
Gel, fumée, un pas dans le bois vide.

DANS UN VIEIL ALBUM

Toujours tu reviens, mélancolie,
Ô douceur de l'âme solitaire.
Un jour d'or embrase sur sa fin.

Humble se courbe à la douleur le patient
Résonnant d'harmonies et de tendre folie.
Vois ! Le soir déjà s'est assombri.

Revient la nuit, et lamente un destin mortel,
Avec lui un autre endure.

Tressaillant sous les étoiles d'automne
Penche plus profond chaque année la tête.

MÉTAMORPHOSE

Au long des jardins, automnaux, roussis :
Ici se montre en silence une vie experte.
Les mains de l'homme portent des sarments bruns,
Tandis que la souffrance douce s'abaisse dans le regard.

Au soir : des pas vont à travers la campagne noire,
Plus visibles dans le mutisme des hêtres rouges.
Une bête bleue veut s'incliner devant la mort
Et un vêtement vide tombe, sinistre, en loques.

Un enfant calme joue devant l'auberge,
Un visage enivré s'est affaissé dans l'herbe.
Fruits du sureau, flûtes molles et ivres,
Odeur du réséda, qui baigne une présence féminine.

PETIT CONCERTO

Un rougeoiement qui comme en rêve te bouleverse —
Au travers de tes mains brille le soleil.
Tu sens ton cœur, fou de plaisir,
Se préparer à agir en silence.

Des champs jaunes déferlent au midi.
À peine tu entends encore le chant des grillons,
Le dur va-et-vient des faux.
Candides se taisent les forêts dorées.

Dans la mare verte luit la pourriture.
Les poissons s'immobilisent. Le souffle de Dieu
Éveille doucement un jeu de cordes dans la vapeur.
Les eaux font aux lépreux un signe de guérison.

L'esprit de Dédale flotte dans les ombres bleues,
Une odeur de lait dans les branches de noisetier.
Longtemps encore on entend l'instituteur jouer du violon,
Dans la cour vide le cri des rats.

Dans la cruche, contre des tentures affreuses,
Fleurissent les couleurs plus froides des violettes.
Dans leur querelle, de sombres voix moururent,
Narcisse dans l'accord final des flûtes.

HUMANITÉ

L'humanité placée devant les gueules du feu,
Un roulement de tambour, fronts des sombres guerriers,
Marches à travers des brouillards de sang ; le fer noir retentit ;
Désespoir, nuit dans des cerveaux tristes :
Ici l'ombre d'Ève, chasse et argent rouge.
Nuées que la lumière transperce, la Cène.
Un doux silence habite pain et vin
Et eux sont réunis au nombre de douze.
Ils crient, la nuit, dans le sommeil sous des branches d'olivier ;
Saint Thomas plonge la main dans la plaie.

LA PROMENADE

1

Une musique bourdonne dans le bois, l'après-midi.
Dans le blé s'agitent de sévères épouvantails.
Des buissons de sureaux s'estompent au bord du chemin ;
Une maison vole en étincelles étranges et floues.

Une odeur de thym flotte dans de l'or,
Sur une pierre il y a un chiffre serein.
Sur un pré des enfants jouent à la balle,
Alors un arbre devant toi se met à tournoyer.

Tu rêves : la sœur peigne ses cheveux blonds,
Et un ami lointain t'écrit une lettre.
Une meule fuit à travers la grisaille, jaunie et penchée,
Et quelquefois tu voles avec une légèreté merveilleuse.

2

Le temps s'écoule. Ô doux Hélios !
Ô image, douce et claire, dans la mare aux crapauds ;

Un Éden merveilleux s'enfonce dans le sable.
Un buisson berce dans son sein des bruants.

Ton frère meurt dans un pays ensorcelé
Et tes yeux d'acier te regardent.
Dans l'or là-bas une odeur de thym.
Un garçon fait un feu près du hameau.

Les amants s'allument à nouveau, phalènes,
Et voltigent joyeusement autour de la pierre et du chiffre.
Des corneilles battent de l'aile autour d'un repas écœurant
Et ton front gronde à travers la douce verdure.

Dans le buisson d'épines expire en douceur un gibier.
Tu traînes derrière toi une claire journée d'enfance,
Le vent gris qui, indécis et flou,
Répand des odeurs flétries à travers le crépuscule.

3

Une vieille berceuse t'emplit d'angoisse.
Sur le bord du chemin, pieusement, une femme nourrit son enfant.
Comme un somnambule tu entends sourdre sa fontaine.
Un son de cloches saintes tombe des branches des pommiers.

Et pain et vin sont doux à force de dur labeur.
Ta main tâtonne, d'argent, vers des fruits.
Rachel morte marche à travers les labours.
La verdure, avec un geste paisible, fait signe.

Béni aussi fleurit le sein de pauvres servantes
Qui se tiennent là-bas, rêveuses, près du vieux puits.
Heureux, des solitaires vont sur des sentiers calmes
Avec les créatures de Dieu, sans péché.

DE PROFUNDIS

Il y a un champ d'éteules dans lequel tombe une pluie noire.
Il y a un arbre brun qui est là, solitaire.
Il y a un vent frouant qui cerne des huttes vides —
Comme ce soir est triste.

Passant près du hameau
La douce orpheline glane encore de rares épis.
Ses yeux ronds et dorés paissent dans le crépuscule
Et son cœur est avide de l'époux céleste.

Au retour
Les bergers trouvèrent le corps suave
Pourri dans le buisson d'épines.

Je suis une ombre loin d'obscurs villages.
À la source du bois j'ai bu
Le silence de Dieu.

Sur mon front vient du métal froid.
Des araignées cherchent mon cœur.
Il y a une lumière qui s'éteint dans ma bouche.

De nuit je me trouvai sur une lande,
Roidi d'ordures et de poussière d'étoiles.
Dans les taillis des noisetiers
Bruirent à nouveau des anges de cristal.

TROMPETTES

Sous des saules émondés où jouent des enfants bruns
Et vont des feuilles, sonnent des trompettes. Frisson de cimetière.
Des drapeaux d'écarlate traversent la tristesse de l'érable,
Cavaliers au long des champs de seigle, des moulins vides.

Ou bien des bergers chantent, la nuit, et des cerfs entrent
Dans le cercle de leurs feux, la tristesse très ancienne du bois,
Des danseurs se détachent sur un mur noir ;
Drapeaux d'écarlate, rires, folie, trompettes.

CRÉPUSCULE

Dans la cour, ensorcelés par la lueur laiteuse du crépuscule,
Glissent, à travers le brunissement de l'automne, de doux malades.
Leur regard rond cireux songe aux âges d'or,
Empli de rêverie et de calme et de vin.

Ils s'enferment, fantomatiques, dans leur consomption.
Les étoiles répandent une tristesse blanche.
Dans la grisaille emplie d'illusions et de cloches,
Vois comme les affreux confusément se dispersent.

Caricatures informes, ils fuient, se blottissent
Et détalent sur des sentiers noirs qui se croisent.
Ô ! ombres affligées le long des murs.

Les autres s'enfuient dans l'obscurité des arcades ;
Et de nuit ils surgissent des frissons rouges
Du vent astral, pareils à des ménades en furie.

PRINTEMPS SEREIN

1

Au bord du ruisseau qui coule à travers des jachères jaunes
Défilent les roseaux desséchés de l'an passé.
À travers la grisaille glissent des sons merveilleux,
Flotte un souffle de fumier chaud.

Aux saules pendillent dans le vent doucement des chatons,
Un soldat rêvant chante sa chanson triste.
Une bande d'herbe vibre, évanouie et terne,
Un enfant se tient au milieu de contours tendres.

Là les bouleaux, le noir buisson d'épines,
Et des formes s'enfuient dans la fumée, dissoutes.
Un vert s'épanouit clair, et un autre pourrit,
Et des crapauds se faufilent à travers les jeunes poireaux.

2

Fidèlement je t'aime, ô rude lavandière.
L'onde encore porte le fardeau d'or du ciel.
Un petit poisson jette un éclair et s'éteint ;
Un visage de cire va à la dérive entre des aulnes.

Dans des jardins, des cloches sombrent longues et douces,
Un petit oiseau s'égosille comme en délire.
Le doux blé se gonfle, sans bruit, ravi,
Et des abeilles butinent encore avec un zèle grave.

Viens maintenant, aimée, vers le travailleur las !
Dans sa cabane tombe un rayon tiède.
La forêt se répand dans le soir âcre et pâle
Et des bourgeons éclatent gaiement de temps à autre.

3

Comme tout ce qui devient semble malade !
Un souffle fiévreux tourne autour d'un hameau ;
Mais dans les branchages un doux esprit fait signe
Et ouvre le cœur vaste et angoissé.

Un épanchement de fleurs s'écoule très doucement
Et ce qui n'est pas né s'adonne à son repos.
Les amants s'épanouissent vers leurs étoiles
Et plus doux leur souffle traverse la nuit.

Si douloureusement bon et vrai, ce qui vit ;
Et doucement te touche une vieille pierre :
En vérité ! Je serai toujours au milieu de vous.
Ô bouche ! qui frémit dans le saule d'argent.

BANLIEUE SOUS LE FŒHN

L'endroit est brun et désolé, le soir,
L'air traversé de puanteurs horribles.
Le tonnerre d'un train sur l'arche du pont —
Et des moineaux volent au-dessus des buissons et des haies.

Cabanes tapies, sentiers éparpillés,
Confusion et mouvement dans les jardins,
Parfois s'enfle un hurlement au milieu de l'agitation sourde,
Une robe vole, rouge, dans une troupe d'enfants.

Un chœur de rats siffle amoureusement près des ordures.
Des femmes portent des entrailles dans des paniers,
Cortège écœurant de crasse et de gale,
Elles émergent de l'obscurité.

Et soudain un égout vomit un sang épais,
De l'abattoir dans la rivière tranquille.

Les fœhns avivent la couleur des arbustes maigres
Et la rougeur s'étire lentement dans les eaux.

Un chuchotement qui se noie dans le sommeil trouble.
Des figures dansantes s'élèvent des rigoles,
Souvenir peut-être d'une vie antérieure,
Qui monte et retombe avec les vents chauds.

Dans les nuages apparaissent des allées étincelantes
Emplies de beaux chars, d'audacieux cavaliers.
Puis on voit encore un bateau se briser aux écueils
Et quelquefois des mosquées aux couleurs roses.

LES RATS

La lune automnale brille blanche dans la cour.
Du bord du toit tombent des ombres fantastiques.
Un mutisme habite les fenêtres vides ;
Alors montent sans bruit les rats

Qui courent furtivement de-ci de-là en sifflant,
Et les suivent avec leur odeur horrible
Les exhalaisons des latrines
Où tremble, fantomatique, le clair de lune.

Et ils couinent de désir comme affolés
Et envahissent maison et granges
Pleines de grain et de fruits.
Des vents glacés geignent dans l'obscurité.

SPLEEN

L'infortune du monde hante l'après-midi.
Des baraques s'enfuient à travers les petits jardins bruns et désolés.
Des lumignons jonglent autour du fumier brûlé,
Deux dormeurs rentrent en chancelant, gris et vagues.

Sur la prairie desséchée court un enfant
Et joue avec ses yeux noirs et lisses.
L'or goutte des buissons mornes et mats.
Un homme vieux se tourne tristement dans le vent.

Le soir de nouveau au-dessus de ma tête
Saturne dirige, muet, un destin misérable.
Un arbre, un chien revient en arrière
Et noir le ciel de Dieu chancelle, et effeuillé.

Un petit poisson descend, rapide, le ruisseau ;
Et doucement touche la main de l'ami mort
Et lisse avec tendresse front et vêtement.
Une lumière éveille, dans les chambres, des ombres.

MURMURÉ PENDANT L'APRÈS-MIDI

Soleil d'automne timide et mince,
Et les fruits tombent des arbres.
Le calme habite des pièces bleues
Un long après-midi.

Sons de mort du métal ;
Et une bête blanche s'effondre.
Les chants âpres de filles brunes
Se sont dissipés dans la chute des feuilles.

Le front rêve les couleurs de Dieu,
Sent les ailes douces de la folie.
Des ombres sur la colline,
Frangées de pourriture noire.

Crépuscule plein de calme et de vin ;
Ruissellement de guitares tristes.
Et vers la douce lampe à l'intérieur
Tu t'en retournes comme en rêve.

PSAUME

Dédié à Karl Kraus[1]

Il y a une lumière que le vent a éteinte.
Il y a dans la lande une auberge qu'un homme ivre quitte l'après-midi.
Il y a un vignoble, brûlé et noir avec des trous pleins d'araignées.
Il y a une pièce qu'ils ont chaulée avec du lait.
Le fou est mort. Il y a une île des mers australes
Pour accueillir le dieu Soleil. Les tambours battent.
Les hommes exécutent des danses guerrières.
Les femmes balancent les hanches dans les lianes et les fleurs de feu
Quand chante la mer. Ô notre paradis perdu.

Les nymphes ont délaissé les forêts dorées.
On enterre l'étranger. Alors tombe une pluie d'étincelles.
Le fils de Pan paraît sous la forme d'un terrassier
Qui passe midi à dormir sur l'asphalte brûlant.
Il y a des petites filles dans une cour, aux habits pleins d'une misère déchirante !
Il y a des chambres emplies d'accords et de sonates.

Il y a des ombres qui s'étreignent devant un miroir terni.
Des convalescents se réchauffent aux fenêtres de l'hôpital.
Un vapeur blanc remontant le canal apporte des épidémies sanglantes.

Une étrangère, la sœur paraît de nouveau dans les mauvais rêves de quelqu'un.
Reposant dans la coudraie elle joue avec ses étoiles.
L'étudiant, un double peut-être, la regarde longtemps de sa fenêtre.
Son frère mort se tient derrière lui, ou bien il descend le vieil escalier tournant.
Dans l'obscurité des marronniers bruns blêmit la forme du jeune novice.
Le jardin est dans le soir. Dans le cloître les chauves-souris vont voletant.
Les enfants du gardien cessent leurs jeux et cherchent l'or du ciel.
Derniers accords d'un quatuor. La petite aveugle court en tremblant dans l'allée.
Et plus tard son ombre tâtonne le long des murs froids, environnée de contes et de légendes saintes.

Il y a un bateau vide qui descend au soir le canal noir.
Dans le morne du vieil asile dépérissent des ruines humaines.
Les orphelines mortes sont couchées près du mur du jardin.
Des chambres grises sortent des anges aux ailes maculées de boue.

Des vers gouttent de leurs paupières jaunies.
La place de l'église est sombre et taciturne, comme aux jours de l'enfance.
Sur leurs semelles d'argent passent des vies antérieures
Et les ombres des damnés descendent aux eaux soupirantes.
Dans sa tombe le mage blanc joue avec ses serpents.

Muets, au-dessus du Calvaire, s'ouvrent les yeux d'or de Dieu.

CHANTS DU ROSAIRE

À LA SŒUR

Où vont tes pas, se font automne et soir,
Gibier bleu qui sous des arbres bruit,
Étang solitaire au soir.

Le vol des oiseaux doucement bruit,
La tristesse sur l'arc de tes yeux.
Ton étroit sourire bruit.

Dieu arqua tes paupières.
La nuit, des étoiles cherchent, enfant de vendredi saint,
L'arc de ton front.

PROXIMITÉ DE LA MORT

Ô le soir qui va dans les villages sombres de l'enfance.
L'étang sous les saules
S'emplit des soupirs empestés de la tristesse.

Ô la forêt qui abaisse en silence ses yeux bruns
Quand des mains osseuses du solitaire
Tombe la pourpre de ses jours extasiés.

Ô la proximité de la mort. Prions.
Dans cette nuit se dénouent sur des coussins tièdes
Jaunis par l'encens les membres languissants des amants.

AMEN

Corps décomposé glissant à travers la chambre pourrie ;
Ombre le long des tentures jaunes ; dans de sombres miroirs
Se voûte la tristesse d'ivoire de nos mains.

Des perles brunes s'écoulent entre les doigts exsangues.
Dans le silence
S'ouvrent les yeux de pavot bleus d'un ange.

Bleu est aussi le soir ;
L'heure de notre mort, l'ombre d'Azraël
Assombrissant un petit jardin brun.

RUINE

Au soir, quand les cloches sonnent la paix,
Je suis les vols splendides des oiseaux
Qui en longues troupes, pareilles aux pieux cortèges des pèlerins,
S'évanouissent dans les lointains aux clartés d'automne.

Cheminant dans le jardin empli de crépuscule
Je rêve à leurs destins plus clairs
Et sens à peine encore l'aiguille des heures avancer.
Ainsi je suis, au-delà des nuages, leurs voyages.

Alors me fait trembler un souffle de ruine.
Le merle lamente dans les branches effeuillées.
Chancelle la vigne rouge aux grillages rouillés,

Tandis que comme des rondes macabres d'enfants blêmes
Autour de sombres margelles qui s'effritent,
Frissonnant dans le vent des asters bleus se penchent.

AU PAYS NATAL

L'odeur des résédas flotte à la fenêtre malade ;
Une vieille place, des marronniers noirs et désolés.
Un rayon doré perce le toit et se répand
Sur le frère et la sœur absents et égarés.

Dans la rinçure nagent des déchets, doucement module
Le fœhn dans le jardinet brun ; en grand silence
Le tournesol se repaît de son or et fond.
À travers l'air bleu sonne l'appel du veilleur.

Odeur des résédas. Crépuscule sur les murs nus.
Le sommeil de la sœur est lourd. Le vent de nuit fourrage
Dans ses cheveux que baigne un éclat lunaire.

L'ombre du chat glisse étroite et bleue
Du toit pourri que cerne un malheur proche,
La flamme de la chandelle qui bondit pourpre.

UN SOIR D'AUTOMNE

À Karl Röck[1]

Le village brun. Une chose sombre souvent se montre
Avançant le long des murs qui sont là dans l'automne,
Des formes : hommes et femmes, des morts vont,
Dans des chambres glacées, leur préparer un lit.

Des garçons jouent ici. De lourdes ombres s'étendent
Sur le purin brun. Des servantes vont
À travers la bleuité humide et parfois elles regardent
Avec des yeux emplis de cloches sonnant dans la nuit.

Pour un solitaire il y a une auberge ;
Lui s'attarde patient sous des voûtes sombres,
Entouré des nuées d'or du tabac.

Mais le destin privé, toujours, est noir et proche.
L'enivré médite dans l'ombre des vieilles voûtes
Sur les oiseaux sauvages qui sont partis au loin.

MISÈRE DE L'HOMME[1]

L'horloge qui sonne cinq devant le soleil —
Un effroi sombre saisit les êtres solitaires,
Dans le jardin du soir sifflent des arbres nus.
Le visage du mort bouge à la fenêtre.

Peut-être que cette heure s'immobilise.
Devant des yeux tristes, des images bleues vacillent
Au rythme des bateaux balancés sur la rivière.
Un cortège de sœurs passe sur le quai.

Dans les coudriers jouent des filles aveugles et blêmes,
Pareilles à des amants qui s'enlacent dans le sommeil.
Peut-être que des mouches chantent autour d'une charogne,
Peut-être aussi pleure un enfant dans le sein maternel.

Des mains tombent des asters bleus et rouges,
La bouche de l'adolescent se dérobe étrangère et sage ;
Et des paupières battent apeurées et silencieuses ;
Une odeur de pain traverse les noires fièvres.

Il semble qu'on entende aussi des cris affreux ;
Des ossements luisent au travers des murs en ruine.
Un cœur mauvais rit à voix haute dans de belles chambres ;
Un chien passe en courant près d'un rêveur.

Un cercueil vide se perd dans l'obscurité.
Pour l'assassin, une pièce va s'éclairer, blême,
Tandis que des lanternes, la nuit, éclatent dans la tempête.
Le laurier orne la tempe blanche de l'être noble.

AU VILLAGE

1

Un village, un champ sortent des murs bruns.
Un berger pourrit sur une vieille pierre.
La lisière de la forêt enferme des bêtes bleues,
Le doux feuillage qui tombe dans le silence.

Les fronts bruns des paysans. Longtemps sonne
La cloche du soir ; beauté d'un usage pieux,
La tête noire du Sauveur dans l'arbuste épineux,
La chambre glacée que la mort réconcilie.

Comme les mères sont blêmes. Le bleu descend
Sur le verre et la huche que leur sens fièrement préserve ;
Une tête blanche s'incline aussi, couverte d'années,
Sur le petit-fils qui boit le lait et les étoiles.

2

Le pauvre qui mourut solitaire en esprit
Passe, cireux, par-dessus un vieux sentier.
Les pommiers s'enfoncent nus et immobiles
Dans la teinte de leur fruit qui se putréfia noir.

Le toit de paille sèche se voûte encore
Sur le sommeil des vaches. La servante aveugle
Paraît dans la cour ; une eau bleue lamente ;
Sur la porte pourrie un crâne de cheval regarde.

L'idiot prononce, au sens obscur, une parole
D'amour qui se perd dans le buisson noir
Où elle se tient dans sa mince silhouette de rêve.
Le son du soir se prolonge dans l'humide bleuité.

3

Des branches battent la fenêtre, effeuillées par le fœhn.
Un mal sauvage croît dans le sein de la paysanne.
Une neige noire goutte à travers ses bras ;
Des chouettes aux yeux d'or battent de l'aile autour de
 sa tête.

Les murs regardent nus et couverts de saleté grise
Dans l'obscurité froide. Dans son lit de fièvre tremble
Le corps de la femme enceinte, que la lune impudente
 fixe.
Devant sa chambre un chien est venu crever.

Trois hommes sombres franchissent la porte
Avec des faux qu'ils ont cassées dans les champs.
Le vent rouge du soir bat dans la fenêtre ;
Un ange noir y apparaît.

CHANT DU SOIR

Au soir, marchant sur de sombres sentiers,
Nos formes pâles paraissent devant nous.

Ayant soif,
Nous buvons les blanches eaux de l'étang,
La douceur de notre enfance triste.

Défunts, nous reposons sous les buissons de sureaux,
Suivons des yeux les mouettes grises.

Des nuées printanières montent sur la ville obscure
Qui tait les temps plus nobles des moines.

Quand je pris tes mains étroites,
Doucement tu ouvris tes yeux agrandis ;
C'était voici longtemps.

Mais lorsqu'une harmonie sombre éprouve l'âme,
Blanche, tu parais dans le paysage automnal de l'ami.

TROIS REGARDS DANS UNE OPALE

À Erhard Buschbeck [1]

1

Regard dans l'opale : un village que couronne la vigne sèche,
Le silence des nuages gris, des collines rocheuses et jaunes
Et la fraîcheur des sources au soir : miroir double
Entouré d'ombre et de roche baveuse.

Chemins et croix de l'automne se perdent dans le soir,
Chants de pèlerins et les linons tachés de sang.
La forme du solitaire se tourne alors vers l'intérieur
Et va, ange blême, à travers le bois vide.

Du noir souffle le fœhn. Aux satyres se sont jointes
De petites femmes sveltes ; moines de la luxure, prêtres blêmes,
Leur folie se pare de lys beaux et lugubres
Et lève les mains vers l'écrin d'or de Dieu.

2

L'humidifiant, une goutte de rosée se suspend, rose,
Dans le romarin : s'écoule un souffle d'odeurs tombales,
D'hôpitaux emplis confusément de cris de fièvre et de blasphèmes.
Un squelette sort du caveau, gris et pourri.

Dans les voiles et la morve bleue danse la femme du vieillard,
Les cheveux raides de saleté, emplis de larmes noires,
Les garçons rêvent confusément dans la crinière sèche des saules
Et leurs fronts sont chauves et rugueux de lèpre.

Par la fenêtre cintrée descend le soir doux et tiède.
Un saint abandonne ses plaies noires.
Les pourpres de mer rampent hors de leurs coquilles brisées
Et crachent du sang dans la couronne d'épines roide et grise.

3

Les aveugles répandent de l'encens dans les blessures purulentes.
Chasubles d'or rouge ; flambeaux ; chant de psaumes ;
Et des filles qui enlacent comme du poison le corps du Seigneur.

Des formes s'avancent, raides de cire, à travers flammes et fumées.

Un idiot mène la danse osseuse des lépreux
À minuit. Jardins des aventures étranges ;
Convulsions ; fleurs grimaçantes, rires ; monstres
Et astre roulant dans le buisson d'épines noires.

Ô pauvreté, soupe du mendiant, pain et poireau douceâtre ;
Rêverie de la vie dans les cabanes au bord des forêts.
Le ciel se durcit gris au-dessus des champs jaunes
Et une cloche du soir chante selon l'usage ancien.

CHANT DE NUIT

Souffle de l'impassible. Un visage de bête
Se raidit à la bleuité, sainte.
Puissant est le mutisme dans la pierre.

Le masque d'un oiseau de nuit. Un doux accord parfait
Expire en un seul son. Élaï ! ton visage
S'incline sans voix sur des eaux bleuâtres.

Ô ! tranquilles miroirs de la vérité.
Sur la tempe d'ivoire du solitaire
Apparaît le reflet d'anges déchus.

HÉLIAN[1]

Dans les heures solitaires de l'esprit
Aller au soleil est beau
Contre les murs jaunes de l'été.
Légers bruissent les pas dans l'herbe ; mais toujours dort
Le fils de Pan dans le marbre gris.

Le soir sur la terrasse nous nous enivrâmes de vin brun.
Dans le feuillage embrase rougeâtre la pêche ;
Sonate douce, rire gai.

Beau est le calme de la nuit.
Sur une plaine sombre
Nous rencontrons des pâtres et de blanches étoiles.

Quand l'automne est venu
Une clarté sobre se montre dans le bois.
Nous, apaisés, marchons au long des murs roux
Et les yeux arrondis suivent le vol des oiseaux.
Au soir l'eau blanche descend dans les urnes tombales.

Fête du ciel dans les branchages dépouillés.
L'homme de la terre dans ses mains pures porte pain et vin
Et paisibles les fruits mûrissent dans le cellier ensoleillé.

Ô comme est grave le visage des morts aimés.
Mais l'âme se réjouit d'un regard juste.

*

Intense est le mutisme du jardin dévasté,
Quand le jeune novice ceint son front de feuilles brunes
Et son souffle boit l'or glacial.

Les mains touchent l'âge des eaux bleuâtres
Ou dans la nuit froide les joues blanches des sœurs.

Silencieuse harmonie d'une marche près des cellules accueillantes
Où sont solitude et bruissement d'érable,
Où peut-être encore la grive chante.

Beauté de l'homme, et qui paraît dans l'ombre
Lorsqu'il déplace bras et jambe, s'étonnant,
Et qu'en silence bougent ses yeux dans leurs cavités pourpres.

À Vêpres l'étranger se perd dans la ruine noire de novembre

Sous les branches pourries, près des murs pleins de lèpre
Où est allé déjà le frère sacré,
Plongé dans les doux accords de sa folie.

Ô combien solitaire s'achève le vent du soir.
Mourant, la tête penche dans les ténèbres de l'olivier.

*

Bouleversant est le déclin de la race.
En cette heure les yeux de celui qui regarde s'emplissent
De l'or de ses astres.

Au soir un jeu de cloches s'engloutit, qui ne vibre plus,
Les murs noirs de la place se délabrent,
Le soldat mort appelle à la prière.

Ange blême,
Le fils entre dans la maison vide de ses pères.

Les sœurs sont allées, loin, chez de blancs vieillards.
De nuit, le dormeur les trouva sous les colonnes du porche
Au retour de tristes pèlerinages.

Ô comme leurs cheveux sont raides de vers et de boue,
Quand s'y arrêtent ses pieds d'argent
Et qu'elles, trépassées, sortent des chambres nues.

Vous psaumes dans les pluies ardentes de minuit,
Quand les serviteurs fouettaient d'orties les tendres yeux,
Quand les fruits candides du sureau
Se penchent étonnés sur une tombe vide.

Des lunes jaunies silencieusement roulent
Sur les linons enfiévrés de l'adolescent,
Avant que suive le mutisme de l'hiver.

*

Un sublime destin médite, descendant le Cédron,
Où, créature tendre, le cèdre
Se déploie sous les sourcils bleus du Père ;
Où dans la pâture, de nuit, un berger mène son troupeau.

Ou bien ce sont des cris dans le sommeil
Lorsqu'un ange d'airain aborde l'homme dans le bois,
Et que la chair du saint fond sur le gril ardent.

Autour des huttes de glaise grimpe la vigne pourpre,
Des gerbes sonores de blé jauni,
Le bourdonnement des abeilles, le vol de la grue.
Sur des sentiers rocheux, le soir, des ressuscités se rencontrent.

Dans des eaux noires se mirent des lépreux,
Ou ils ouvrent, pleurant, leurs vêtements souillés de boue,
Au vent balsamique qui souffle de la colline rose.

De sveltes servantes tâtonnent dans les ruelles de la nuit
Cherchant le berger amoureux.
Un doux chant résonne dans les cabanes à la veille du dimanche.

Que le chant se souvienne aussi du garçon,
De sa folie, et des sourcils blancs, et de son décès,
Du corps décomposé qui ouvre ses yeux bleuâtres.
Ô comme est triste ce revoir.

*

Les degrés de la folie dans les chambres noires,
Les ombres des ancêtres sous la porte béante,
Lorsque l'âme d'Hélian se regarde au miroir rose
Et que de son front tombent neige et lèpre.

Aux murs se sont éteintes les étoiles
Et les formes blanches de la lumière.

Du tapis sortent les ossements des tombes,
Le silence des croix en ruine sur la colline,
La douceur de l'encens dans le vent pourpre de la nuit.

Ô yeux brisés dans des bouches noires,
Quand le descendant, dans ses calmes ténèbres,
Médite solitaire sur la fin plus sombre,
Et que le dieu muet abaisse sur lui ses paupières bleues.

Sébastien en rêve

Sébastien en rêve

ENFANCE

Lourd de fruits, le sureau ; calme habitait l'enfance
Dans la caverne bleue. Sur le sentier évanoui,
Où siffle à présent, brunâtre, l'herbe folle,
Méditent les branches silencieuses ; le murmure du feuillage

Pareillement, quand l'eau bleue résonne dans le rocher.
Douce est la plainte du merle. Un pâtre
Suit sans voix le soleil qui dévale la colline d'automne.

Un instant bleu n'est plus qu'âme.
À l'orée de la forêt se montre un gibier craintif, et paisibles
Reposent dans le vallon les cloches vieilles, les hameaux assombris.

Rendu pieux, tu connais le sens des années sombres,
Froideur et automne dans des chambres solitaires ;
Et dans le bleu sacré dure le son de pas lumineux.

Doucement tinte ouverte une fenêtre ; aux larmes
Émeut l'aspect du cimetière en ruine sur la colline,
Ressouvenir de légendes contées ; mais l'âme parfois
s'éclaire
Quand elle pense les êtres gais, les jours d'or sombre
du printemps.

CHANT DES HEURES

Avec des yeux sombres les amants se regardent,
Les blonds, radieux. Dans l'obscurité roide
S'enlacent languissants les bras qui désirent.

Pourpres se brisèrent les bouches bénies. Les yeux ronds
Reflètent l'or sombre de l'après-midi de printemps et
Lisière et noirceur de la forêt, peurs du soir dans la verdure ;
Peut-être un indicible vol d'oiseaux, le sentier
D'un jamais né, au long d'obscurs villages, d'étés solitaires,
Et parfois du bleu en ruine s'échappe un corps privé de vie.

Doucement bruit dans le champ le blé jaune.
Dure est la vie, et le paysan lance l'acier de la faux,
Le charpentier assemble de fortes poutres.

Se teint de pourpre à l'automne le feuillage ; l'esprit monacal

Marche à travers des jours sereins ; mûre est la grappe
Et en fête l'air dans les vastes cours.
Plus douce l'odeur des fruits jaunis ; léger est le rire
De l'homme gai, musique et danse dans les tavernes
   d'ombre ;
Au jardin crépusculaire pas et silence de l'enfant mort.

EN CHEMIN

Le soir, ils portèrent l'étranger dans la chambre des morts ;
Une odeur de goudron ; le bruissement léger des platanes roux ;
Le vol obscur des choucas ; sur la place une sentinelle montait la garde.
Le soleil a sombré dans de noirs linons ; toujours revient ce soir passé.
Dans la chambre voisine la sœur joue une sonate de Schubert.
Très doucement sombre son sourire dans la fontaine en ruine
Qui bruit bleuâtre dans le crépuscule. Ô, comme notre race est vieille.
Quelqu'un murmure en bas dans le jardin ; quelqu'un a quitté ce ciel noir.
Sur la commode embaument les pommes. Grand-mère allume des chandelles d'or.

Ô, comme l'automne est doux. Légers tintent nos pas dans le vieux parc

Sous de hauts arbres. Ô, comme le visage d'hyacinthe du crépuscule est grave.
La source bleue à tes pieds, secret le silence rouge de ta bouche,
Enténébré dans la torpeur du feuillage, dans l'or sombre de tournesols flétris.
Tes paupières sont lourdes de pavot et rêvent sans bruit sur mon front.
De douces cloches vibrent à travers la poitrine. Nuage bleu,
Ton visage est descendu sur moi dans le crépuscule.

Un chant à la guitare qui s'élève dans une auberge inconnue,
Les buissons de sureaux sauvages là-bas, un jour de novembre depuis longtemps passé,
Des pas familiers dans l'escalier ténébreux, l'aspect de poutres brunies,
Une fenêtre ouverte où s'est attardé un doux espoir —
Tout cela si indicible, ô Dieu, qu'on tombe à genoux, bouleversé.

Ô, comme cette nuit est sombre. Une flamme pourpre
S'est éteinte à ma bouche. Dans le silence
Meurt le jeu de cordes solitaire de l'âme effrayée.
Laisse, quand la tête ivre de vin s'affaisse dans le ruisseau.

PAYSAGE

Soir de septembre ; tristes résonnent les sombres appels des bergers
À travers le village crépusculaire ; du feu jaillit dans la forge.
Puissamment se cabre un cheval noir ; les boucles d'hyacinthe de la servante
Agrippent l'ardeur de ses naseaux pourpres.
Doucement se fige à l'orée de la forêt le cri de la biche
Et les fleurs jaunes de l'automne
S'inclinent sans voix sur le visage bleu de l'étang.
Un arbre brûla dans une flamme rouge ; battent des ailes les chauves-souris aux sombres visages.

À L'ENFANT ÉLIS

Élis, quand le merle appelle dans la noire forêt,
C'est là ton déclin.
Tes lèvres boivent la fraîcheur de la source bleue des rochers.

Laisse, quand de ton front saignent en silence
Des légendes immémoriales
Et le présage obscur du vol des oiseaux.

Tu vas, toi, d'un pas lisse vers la nuit
Toute chargée de raisins pourpres,
Et tu bouges les bras plus beaux dans le bleu.

Un buisson d'épines sonne,
Où sont tes yeux de lune.
Ô il y a si longtemps, Élis, que tu es mort.

Ton corps est une hyacinthe
Dans laquelle un moine plonge ses doigts de cire.
Une caverne noire est notre mutisme,

D'où sort parfois une bête douce
Et abaisse lentement ses paupières lourdes.
Sur tes tempes goutte de la rosée noire,

Le dernier or d'étoiles déchues.

ÉLIS

1

Parfait est le silence de ce jour d'or.
Sous de vieux chênes
Tu parais, Élis, gisant aux yeux ronds.

Leur bleu reflète le sommeil des amants.
Au bord de ta bouche
Se sont tus leurs soupirs roses.

Au soir, le pêcheur retira les lourds filets.
Un bon berger
Mène son troupeau le long de la forêt.
Ô ! combien justes, Élis, sont tous tes jours.

Doucement descend
Contre des murs nus le silence bleu de l'olivier,
Meurt le chant sombre d'un vieillard.

Une barque d'or,
Ton cœur se balance, Élis, au ciel solitaire.

2

Un doux jeu de cloches sonne dans la poitrine d'Élis,
Le soir,
Quand sa tête s'enfonce dans le coussin noir.

Un gibier bleu
Saigne sans bruit dans les fourrés d'épines.

Un arbre brun se dresse là défunt ;
Ses fruits bleus de lui se sont détachés.

Signes et astres
Sombrent doucement dans l'étang du soir.

Derrière la colline l'hiver est venu.

Des colombes bleues
Boivent, la nuit, la sueur glacée
Qui coule du front cristallin d'Élis.

Toujours sonne
Contre des murs noirs le vent solitaire de Dieu.

HOHENBURG[1]

Personne dans la maison. L'automne est dans les chambres ;
Sonate éclairée de lune
Et l'éveil à l'orée de la forêt crépusculaire.

Toujours tu penses le visage blanc de l'homme
Loin des tumultes du temps ;
Sur ce qui rêve aiment à s'incliner les branches vertes,

Croix et soir ;
L'être sonore, de bras pourpres l'étreint son étoile
Qui monte aux fenêtres inhabitées.

Ainsi tremble dans l'ombre l'étranger,
Quand doucement il lève ses paupières sur une chose humaine
Qui est au loin ; la voix d'argent du vent dans le vestibule.

SÉBASTIEN EN RÊVE

Pour Adolf Loos[1]

Mère portait le petit enfant sous la lune blanche,
Dans l'ombre du noyer, du sureau séculaire,
Enivré par le suc du pavot, la plainte de la grive ;
Et en silence
S'inclinait sur eux la compassion d'un visage barbu,

Doucement dans les ténèbres de la fenêtre ; et le vieux mobilier
Des pères
Était en ruine ; amour et rêverie automnale.

Sombre aussi le jour de l'année, enfance triste,
Quand le garçon sans bruit descendait aux eaux froides, aux poissons d'argent,
Calme et visage ;
Quand, pierre, il se jetait devant de furieux chevaux noirs,
Que son étoile dans la nuit grise venait sur lui ;

Ou lorsque à la main glacée de la mère,
Le soir, il traversait le cimetière automnal de Saint-Pierre,
Qu'un cadavre frêle reposait silencieux dans l'ombre de la chambre,
Et qu'il levait sur lui ses froides paupières.

Mais lui était un petit oiseau dans les branchages nus,
La cloche longue dans le novembre du soir,
Silence du père, quand dans son sommeil il descendait le sombre escalier tournant.

*

Paix de l'âme. Soir d'hiver solitaire,
Les formes sombres des pâtres au bord du vieil étang ;
Petit enfant dans la hutte de paille ; ô avec quel silence
Le visage sombra dans sa fièvre noire.
Nuit sainte.

Ou lorsque à la main dure du père
Il gravissait sans bruit l'obscur Calvaire,
Et que dans les niches crépusculaires des rochers
La forme bleue de l'homme allait à travers sa légende,
Que de la blessure sous le cœur le sang s'épanchait pourpre.
Ô avec quel silence la croix se leva dans l'âme ténébreuse.

Amour ; quand dans des recoins noirs fondait la neige,
Qu'une brise bleue se prenait gaiement dans le vieux sureau,

Dans la voûte ombreuse du noyer ;
Et qu'à l'enfant sans bruit apparaissait son ange rose.

Joie ; quand dans de froides chambres résonnait une sonate du soir,
Que dans la charpente brune
Un phalène bleu rampait hors de sa chrysalide d'argent.

Ô la proximité de la mort. Dans le mur de pierre
S'inclinait une tête jaune, silencieux l'enfant,
Quand dans ce mois de mars la lune dépérissait.

*

Cloche rose de Pâques dans le caveau de la nuit
Et les voix d'argent des astres,
Au point qu'une sombre folie tombait en frissons du front du dormeur.

Ô le silence d'une marche au long de la rivière bleue,
Méditant l'oublié, quand dans les branches vertes
La grive appelait l'étrange dans le déclin.

Ou lorsque à la main osseuse du vieillard,
Le soir, il allait devant le mur en ruine de la ville
Et que celui-là portait dans son manteau noir un petit enfant rose,
Que dans l'ombre du noyer l'esprit du mal paraissait.

Marche tâtonnante sur les degrés verts de l'été. Ô avec quel silence

Le jardin dépérissait dans le calme brun de l'automne,
Odeur et mélancolie du vieux sureau,
Quand dans l'ombre de Sébastien la voix d'argent de l'ange mourait.

AU BORD DU MARÉCAGE

Voyageur dans le vent noir ; doucement murmure le roseau mort
Dans le silence du marécage. Dans le ciel gris
Suit un passage d'oiseaux sauvages ;
Diagonale au-dessus d'eaux obscures.

Tumulte. Dans la hutte en ruine
Bat de ses ailes noires la pourriture :
Des bouleaux atrophiés soupirent au vent.

Soir dans la taverne abandonnée. La douce mélancolie des troupeaux en pâture
Imprègne le chemin du retour,
Apparition de la nuit : des crapauds émergent d'eaux argentées.

AU PRINTEMPS

La neige tomba des pas sombres en silence,
Dans l'ombre de l'arbre
Des amants lèvent leurs paupières roses.

Toujours suivent, derrière les sombres appels des bateliers,
Étoile et nuit ;
Et les rames frappent doucement en cadence.

Bientôt contre le mur en ruine fleurissent
Les violettes,
Verdit en grand silence la tempe du solitaire.

SOIR À LANS[1]

Longue marche à travers l'été crépusculaire
Devant des gerbes de blé jauni. Sous des voûtes chaulées
Où l'hirondelle va et vient, nous bûmes du vin ardent.

Beauté : ô tristesse et rire pourpre.
Le soir et les senteurs sombres de la verdure
Rafraîchissent de frissons notre front brûlant.

Des eaux d'argent ruissellent sur les degrés de la forêt,
La nuit et sans voix une vie oubliée.
Ami ; les sentiers feuillus jusqu'au village.

AU MONT-DES-MOINES

Où s'enfonce dans l'ombre automnale des ormes le sentier en ruine
Loin des huttes de feuillage, des bergers endormis,
Toujours la forme sombre du froid suit le voyageur

Sur la passerelle osseuse, et la voix d'hyacinthe de l'enfant
Disant à voix basse la légende oubliée de la forêt,
Plus douce, chose malade à présent, la plainte sauvage du frère.

Ainsi une rare verdure touche le genou de l'étranger,
La tête pétrifiée ;
Plus près la source bleue murmure la plainte des femmes.

CHANT POUR GASPARD HAUSER[1]

À Bessie Loos[2]

Lui en vérité aimait le soleil qui descendait pourpre la
colline,
Les chemins de la forêt, le chant de l'oiseau noir
Et la joie de la verdure.

Grave était son séjour dans l'ombre de l'arbre
Et pur son visage.
Dieu parla une douce flamme à son cœur :
Homme !

En silence ses pas trouvèrent la ville au soir ;
La sombre plainte de sa bouche :
Je veux être un cavalier.

Mais le suivaient bête et buisson,
Maison et jardin ténébreux d'hommes blancs
Et son assassin le cherchait.

Printemps, été, et beau, l'automne
Du juste, son pas léger

Au long des chambres sombres des rêveurs.
La nuit il restait seul avec son étoile ;

Vit que la neige tombait dans les branches nues
Et dans le vestibule ténébreux l'ombre du meurtrier,

D'argent s'affaissa la tête d'un jamais né.

DE NUIT

Le bleu de mes yeux s'est éteint dans cette nuit,
L'or rouge de mon cœur. Ô ! comme la lumière brûlait
en silence.
Ton manteau bleu étreignit celui qui sombre ;
Ta bouche rouge scella l'enténèbrement de l'ami.

MÉTAMORPHOSE DU MAL[1]

Automne : progression noire à l'orée de la forêt ; minute de destruction muette ; aux aguets, le front du lépreux sous l'arbre nu. Soir depuis longtemps passé, qui sombre maintenant sur les degrés de mousse ; novembre. Une cloche sonne et le berger mène au village un troupeau de chevaux noirs et rouges. Sous les noisetiers, le chasseur vert vide un gibier. Ses mains fument de sang et l'ombre de la bête soupire dans le feuillage au-dessus des yeux de l'homme, brune et taciturne ; la forêt. Corneilles qui se dispersent ; trois. Leur vol ressemble à une sonate, plein d'accords fanés et de tristesse virile ; sans bruit se dissout un nuage d'or. Près du moulin, les garçons allument un feu. Flamme est le frère du plus blême et celui-ci rit enfoui dans sa chevelure pourpre ; ou bien c'est le lieu d'un crime, et un chemin pierreux passe auprès. Les épines-vinettes ont disparu, à longueur d'année cela rêve dans l'air de plomb sous les pins ; peur, obscurité verte, le gargouillement d'un noyé : de l'étang étoilé, le pêcheur sort un grand poisson noir, visage plein de cruauté et d'égarement. Les voix des roseaux, d'hommes en querelle derrière lui, il traverse, bercé par sa barque rouge, les eaux glacées de l'automne, vivant dans les sombres légendes de sa race, et les yeux de pierre ouverts sur des nuits et des terreurs de vierge. Le mal.

Quoi te force à t'immobiliser sur les marches délabrées, dans la maison de tes pères ? Noirceur de plomb. Que portes-tu à tes yeux, de ta main d'argent ; et tes paupières tombent comme ivres de pavot ? Mais à travers le mur de pierre tu vois le ciel étoilé, la Voie lactée, Saturne ; rouge. Furieusement contre le mur de pierre frappe l'arbre nu. Toi sur les marches délabrées : arbre, étoile, pierre ! Toi, bête bleue qui tremble en silence ; toi, le prêtre blême qui l'égorge sur l'autel noir. Ô ton sourire dans l'arbre, triste et mauvais, au point qu'un enfant blêmit dans son sommeil. Une flamme rouge a jailli et un phalène s'y brûla. Ô la flûte de la lumière ; Ô la flûte de la mort. Quoi te força à t'immobiliser sur les marches délabrées, dans la maison de tes pères ? En bas, un ange frappe à la porte d'un doigt de cristal.

Ô l'enfer du sommeil ; ruelle sombre, jardinet brun. Doucement sonne dans le soir bleu la forme de la morte. De petites fleurs vertes voltigent autour d'elle et son visage l'a quittée. Ou bien il se penche, blêmi, sur le front froid du meurtrier dans l'ombre du vestibule ; adoration, flamme pourpre de la volupté ; mourant, le dormeur tomba, par-dessus les marches noires, dans l'obscurité.

Quelqu'un t'a quitté à la croix des chemins, et tu regardes longuement en arrière. Pas argentés dans l'ombre des petits pommiers rabougris. Pourpre, l'éclat du fruit dans les branchages noirs, et dans l'herbe mue le serpent. Ô ! l'obscurité ; la sueur qui paraît sur le front glacé et les rêves tristes dans le vin, à l'auberge de village sous les poutres noires de fumée. Toi, encore lieu sauvage, dont la magie change en îles roses les nuées brunes du tabac et qui tire des profondeurs le cri sauvage d'un griffon, quand il chasse autour de noirs écueils au milieu de la mer, de la tempête, de la glace. Toi, métal vert et visage de feu au-dedans, qui veut partir et chanter les temps sombres de la colline aux ossements et la chute flamboyante de l'ange. Ô ! désespoir, qui avec un cri muet tombe à genoux.

Un mort te visite. De son cœur s'épanche le sang que lui-même a fait couler, et dans le sourcil noir niche un instant indicible ; sombre rencontre. Toi — une lune pourpre, quand l'autre apparaît dans l'ombre verte de l'olivier. Le suit une nuit impérissable.

L'automne du solitaire

DANS LE PARC

Cheminant de nouveau dans le vieux parc,
Ô ! silence des fleurs jaunes et rouges.
Vous déplorez aussi, divinités douces,
Et l'or automnal de l'orme.
Immobile au bord de l'étang bleuâtre
Se dresse le roseau, se tait au soir la grive.
Ô ! incline alors toi aussi le front
Devant le marbre en ruine des ancêtres.

UN SOIR D'HIVER

Quand tombe la neige contre la fenêtre
Et sonne longuement la cloche du soir,
Pour beaucoup la table est mise
Et la maison est bien pourvue.

Plus d'un, parti en voyage,
Arrive aux portes par d'obscurs chemins.
L'arbre de la Grâce fleurit, d'or,
Nourri du suc frais de la terre.

Le voyageur entre en silence ;
La douleur a pétrifié le seuil.
Alors s'allument dans une clarté pure
Sur la table pain et vin.

LES MAUDITS

1

Crépuscule. Les vieilles femmes vont à la fontaine.
Dans l'ombre des marronniers rit un rougeoiement.
D'une boutique s'échappe une odeur de pain
Et des tournesols penchent par-dessus la haie.

L'auberge de la rivière murmure tiède encore.
La guitare bourdonne ; tintement de l'argent.
Un nimbe se pose autour de cette enfant
Qui attend, douce et blanche, devant la porte vitrée.

Ô ! l'éclat bleu qu'elle éveille dans les carreaux,
Entouré d'épines noires et raidies dans l'extase.
Un écrivain voûté sourit, comme un idiot,
À l'eau qu'un tumulte sauvage épouvante.

2

Au soir la peste frange son habit bleu
Et un convive sombre en silence ferme la porte.

Le fardeau noir de l'érable penche par la fenêtre ;
Un garçon pose le front dans les mains de la fille.

Souvent elle abaisse ses paupières mauvaises et lourdes.
À travers ses cheveux glissent les mains de l'enfant
Et dans ses orbites noires et vides
Il déverse ses larmes chaudes et claires.

Une nichée de serpents écarlates se dresse
Nonchalamment dans son giron bouleversé.
Ses bras relâchent un corps inerte
Que frange la tristesse d'un tapis.

3

Un carillon résonne jusqu'au petit jardin brun.
Du bleu flotte dans l'ombre des marronniers,
Le doux manteau d'une femme inconnue.
L'odeur du réséda ; et sensation brûlante

Du mal. Le front moite se penche, froid et blême,
Au-dessus des ordures où fourrage le rat,
Baigné par la tiédeur écarlate des astres ;
Dans le jardin des pommes tombent sourdes et molles.

La nuit est noire. Fantomatiquement le fœhn
Gonfle la chemise blanche de l'enfant somnambule
Et sans bruit agrippe sa bouche la main
De la morte. Sonia sourit, douce et belle.

SONIA[1]

Le soir revient dans le vieux jardin ;
Vie de Sonia, silence bleu.
Migrations d'oiseaux sauvages ;
Arbre nu dans l'automne et le silence.

Tournesol, avec douceur penché
Sur la vie blanche de Sonia.
Blessure, rouge, jamais révélée
Qui fait vivre dans des chambres sombres

Où sonnent les cloches bleues ;
Les pas de Sonia et le doux silence.
Une bête mourante adresse un signe en se dérobant,
Arbre nu dans l'automne et le silence.

Le soleil des jours anciens brille
Sur les sourcils blancs de Sonia,
Neige qui humecte ses joues,
Et le fourré de ses sourcils[2].

LONGER

Blés et grappes sont coupés,
Le hameau dans l'automne et la paix.
Marteau et enclume sonnent sans relâche,
Rires sous la tonnelle pourpre.

Apporte à l'enfant blanc
Les asters des haies sombres.
Dis comme il y a longtemps que nous sommes morts ;
Le soleil va briller noir.

Rouge, un petit poisson dans l'étang ;
Front qui s'épie craintif ;
Le vent du soir à la fenêtre doucement murmure,
Ritournelle bleue d'un orgue.

Étoile et scintillement familier
Font une fois encore lever les yeux.
Apparition de la mère dans la douleur et l'effroi ;
Résédas noirs dans l'ombre.

ÂME D'AUTOMNE

Appel des chasseurs et abois ;
Derrière la croix et la colline brune
Le miroir de l'étang doucement aveugle,
L'épervier crie d'une voix dure et claire.

Au-dessus des chaumes et des sentiers
Angoisse déjà un noir mutisme ;
Ciel pur dans les branches ;
Seul le ruisseau coule sans bruit et sans fin.

Bientôt se dérobent poissons et gibier.
Âme bleue, une sombre errance
Bientôt nous a séparés de l'amour, des autres.
Le soir change image et sens.

Pain et vin de la vie juste,
Dieu, dans tes mains charitables
L'homme remet la fin obscure,
Toutes les fautes et le rouge tourment.

AFRA [1]

Un enfant aux cheveux bruns. Prière et amen
Assombrissent en silence la fraîcheur du soir
Et le sourire d'Afra rouge dans un décor jaune
De tournesols, de peur et de touffeur grise.

Enveloppée d'un manteau bleu, le moine la vit
Jadis, pieusement peinte sur les vitraux ;
Cela peut encore, dans les douleurs, être une douce compagnie
Quand de ses étoiles elle lui hante le sang.

Déclin de l'automne ; et le silence du sureau.
Le front touche le mouvement bleu de l'eau,
Un drap de crin posé sur un cercueil.

Des fruits pourris tombent des branches ;
Indicible est le vol des oiseaux, rencontre
De mourants ; le suivent des années sombres.

L'AUTOMNE DU SOLITAIRE

L'automne sombre s'installe plein de fruits et d'abondance
Éclat jauni des beaux jours de l'été.
Un bleu pur sort d'une enveloppe flétrie ;
Le vol des oiseaux résonne de vieilles légendes.
Le vin est pressé, la douce quiétude
Emplie par la réponse ténue à de sombres questions.

Et, ici et là, une croix sur la colline désolée ;
Un troupeau se perd dans la forêt rousse.
Le nuage émigre au-dessus du miroir de l'étang ;
Le geste posé du paysan se repose.
Très doucement l'aile bleue du soir touche
Un toit de paille sèche, la terre noire.

Bientôt des étoiles nichent dans les sourcils de l'homme las ;
Dans les chambres glacées s'installe un décret silencieux

Et des anges sortent sans bruit des yeux bleus
Des amants, dont la souffrance se fait plus douce.
Le roseau murmure ; assaut d'une peur osseuse
Quand la rosée goutte, noire, des saules dépouillés.

Septuor de la mort

PAIX ET SILENCE[1]

Des bergers enfouirent le soleil dans la forêt chauve.
Un pêcheur tira
Dans le filet de crin la lune hors de l'étang frileux.

Dans le cristal bleu
Habite l'homme blême, la joue appuyée contre ses étoiles ;
Ou bien il penche la tête dans un sommeil pourpre.

Mais toujours s'émeut du vol noir des oiseaux
Celui qui contemple, de la sainteté des fleurs bleues,
Et la paix proche pense l'oublié, les anges éteints.

De nouveau le front devient nuit dans la roche lunaire ;
Adolescent lumineux,
La sœur paraît dans l'automne et la pourriture noire.

ANIF[1]

Souvenir : mouettes, glissant sur le ciel sombre
D'une tristesse virile.
Silencieux tu habites dans l'ombre du frêne de l'automne,
Plongé dans la juste mesure de la colline ;

Toujours tu descends la rivière verte
Quand le soir est venu,
Amour qui résonne ; dans la paix rencontré le gibier sombre,

Un homme rose. Ivre d'effluves bleus de bêtes
Le front touche le feuillage mourant,
Et médite le grave visage de la mère ;
Ô, combien tout s'enfonce dans l'obscur ;

Les chambres austères et le vieux mobilier
Des pères.
S'en émeut la poitrine de l'étranger.
Ô vous signes et astres.

Grande est la faute de l'engendré. Malheur, vous frissons d'or
De la mort,
Quand l'âme rêve de floraisons plus froides.

Toujours crie dans les branchages nus l'oiseau nocturne
Sur les pas du lunaire,
Contre les murs du village un vent glacé sonne.

NAISSANCE

Des monts : noirceur, mutisme et neige.
Rouge, la chasse dévale la forêt ;
Ô, les regards de mousse du gibier.

Silence de la mère ; sous de noirs sapins
S'ouvrent les mains endormies
Quand paraît, dépérie, la lune froide.

Ô, la naissance de l'homme. Nocturne bruit
L'eau bleue dans une gorge rocheuse ;
Soupirant, l'ange déchu aperçoit son image,

Un corps blême s'éveille dans la pièce étouffante.
Deux lunes,
S'éclairent les yeux de la vieille de pierre.

Douleur, cri de la femme qui enfante. D'une aile noire
La nuit touche la tempe du garçon,
Neige qui doucement choit d'un nuage pourpre.

DÉCLIN

À Karl Borromaeus Heinrich[1]

Au-dessus de l'étang blanc
Les oiseaux sauvages ont émigré.
Au soir souffle de nos étoiles un vent glacial.

Au-dessus de nos tombes
Se courbe le front brisé de la nuit.
Sous des chênes nous berce une barque d'argent.

Toujours sonnent les murs blancs de la ville.
Sous des voûtes de ronces
Ô mon frère nous gravissons, aiguilles aveugles, vers le minuit.

À UN JEUNE MORT

Ô, l'ange noir qui sortit en silence du dedans de l'arbre,
Quand nous étions doux compagnons de jeux le soir,
Au bord de la fontaine bleuâtre.
Calme était notre pas, les yeux arrondis dans la fraîcheur brune de l'automne,
Ô, la douceur pourpre des astres.

Mais lui descendit les degrés de pierre du Mont-des-Moines,
Un sourire bleu sur le visage et pris étrangement dans la chrysalide
De son enfance plus silencieuse, et mourut ;
Et dans le jardin demeura le visage d'argent de l'ami,
Épiant dans le feuillage ou la pierre vieille.

L'âme chanta la mort, la décomposition verte de la chair
Et il y avait le bruissement de la forêt,
La plainte ardente du gibier.

Toujours sonnaient aux tours crépusculaires les cloches bleues du soir.

L'heure vint, quand il vit les ombres dans le soleil pourpre,
Les ombres de la pourriture dans les branches nues ;
Soir, quand près du mur ténébreux le merle chanta,
Et que l'esprit du jeune mort parut dans la chambre en silence.

Ô, le sang qui s'écoule de la gorge de l'être sonore,
Fleur bleue ; ô l'ardente larme
Pleurée dans la nuit.

Âge et nuage d'or. Dans la chambre solitaire
Tu accueilles souvent le mort, ton hôte,
Et descends sous les ormes, dans un dialogue intime, le long de la rivière verte.

CRÉPUSCULE SPIRITUEL

Rencontré en silence à l'orée de la forêt
Un gibier sombre ;
Contre la colline finit sans bruit le vent du soir,

Cesse la plainte du merle,
Et les douces flûtes de l'automne
Se taisent dans les roseaux.

Sur un nuage noir
Tu traverses, ivre de pavot,
L'étang nocturne,

Le ciel étoilé.
Toujours résonne la voix de lune de la sœur
À travers la nuit spirituelle.

CHANT OCCIDENTAL[1]

Ô le coup d'aile nocturne de l'âme :
Pâtres, un jour nous avons longé des forêts crépusculaires
Et nous suivaient le gibier roux, la fleur verte et la source balbutiante.
Humblement. Ô, le son immémorial du grillon,
Sang fleuri sur la pierre du sacrifice,
Et le cri de l'oiseau solitaire sur le silence vert de l'étang.

Ô vous, croisades et martyres ardents
De la chair, chute de fruits pourpres
Au jardin du soir où sont allés jadis les disciples pieux,
Des guerriers aujourd'hui, s'éveillant de blessures et de rêves d'astres.
Ô, la poignée douce des bleuets de la nuit.

Ô vous, temps de silence et d'automnes d'or,
Quand nous avons pressé, moines paisibles, la grappe pourpre ;
Et autour s'allumaient colline et forêt.

Ô vous, chasses et châteaux ; calme du soir
Quand dans sa chambre l'homme méditait le juste,
Luttait en prière muette pour la face vivante de Dieu.

Ô, l'heure amère du déclin,
Quand nous contemplons dans des eaux noires un visage de pierre.
Mais radieux lèvent leurs paupières d'argent les amants :
Un seul sexe. L'encens s'exhale des coussins roses,
Et le doux chant des ressuscités.

TRANSFIGURATION

Quand vient le soir,
Un visage bleu te quitte en silence.
Un petit oiseau chante dans le tamarinier.

Un doux moine
Joint ses mains exsangues.
Un ange blanc visite Marie.

Une couronne nocturne
De violettes, de blé et de raisins pourpres
Telle est l'année de qui regarde.

À tes pieds
S'ouvrent les tombes des morts
Quand tu poses le front dans tes mains d'argent.

En silence habite
Sur ta bouche, la lune automnale,
Sombre chant, ivre du suc de pavot ;

Fleur bleue
Qui doucement sonne dans la roche jaunie.

FŒHN

Plainte aveugle dans le vent, lunaires journées d'hiver,
Enfance, doucement le bruit des pas se perd contre la haie noire,
Long carillon du soir.
Blanche, la nuit doucement s'en vient,

Change en rêves pourpres douleur et tourment
De la vie pierreuse,
Pour que jamais la pointe de l'épine ne délaisse le corps pourrissant.

Profondément dans le sommeil l'âme effrayée pousse un soupir,

Profondément le vent dans des arbres brisés,
Et chancelle la figure de plainte
De la mère à travers la forêt solitaire

De ce deuil taciturne ; nuits,
Emplies de larmes, d'anges de feu.
Argentin se brise contre le mur chauve un squelette d'enfant.

LE PROMENEUR

Toujours s'appuie sur la colline la nuit blanche,
Où se dresse en sons d'argent le peuplier,
Où sont étoiles et pierres.

En sommeil se voûte au-dessus du torrent la passerelle,
Un visage exsangue suit le garçon,
Croissant de lune dans le ravin rose

Loin des pâtres qui célèbrent. Dans la pierraille vieille
Le crapaud regarde de ses yeux de cristal,
S'éveille la floraison du vent, la voix d'oiseau du presque mort
Et les pas verdissent sans bruit dans la forêt.

Cela rappelle l'arbre et la bête. Lents degrés de mousse ;
Et la lune
Qui s'enfonce étincelante dans des eaux tristes.

Lui s'en retourne et chemine sur la rive verte,
Traverse, bercé par une gondole noire, la ville en ruine.

KARL KRAUS[1]

Blanc hiérarque de la vérité,
Voix de cristal qu'habite le souffle glacé de Dieu,
Mage en courroux
Sous le manteau flamboyant duquel sonne la cuirasse
bleue du guerrier.

AUX VOIX OPPRIMÉES

Ô, la folie de la grande ville, le soir,
Quand des arbres rabougris se raidissent près d'un mur noir,
Que l'esprit du mal regarde sous son masque d'argent ;
Et la lumière, de son fouet magnétique, repousse la nuit de pierre.
Ô, le son englouti des cloches du soir.

Putain qui enfante un mort-né dans des frissons glacés.
Furieusement, la colère de Dieu flagelle le front du possédé,
Épidémie pourpre, faim qui brise des yeux verts.
Ô, l'affreux rire de l'or.

Mais saigne en silence dans une obscure caverne l'humanité privée de voix,
Forge avec de durs métaux la tête rédemptrice.

PASSION[1]

Quand Orphée touche le luth en sons d'argent,
Déplorant une mort dans le jardin du soir,
Qui es-tu, reposant sous de hauts arbres ?
Le roseau automnal, l'étang bleu
Bruissent la plainte
Mourante sous des arbres reverdis
Et suivant l'ombre de la sœur ;
Sombre amour
D'une race sauvage,
Quand la quitte le jour bruissant sur ses roues d'or.
Nuit de silence.

Sous d'obscurs sapins
Deux loups mêlèrent leur sang
Dans une étreinte de pierre ; trace d'or
Le nuage s'est perdu au-dessus du sentier,
Patience et mutisme de l'enfance.
À nouveau rencontre du frêle cadavre
Près de l'étang de Triton,
Assoupi dans sa chevelure d'hyacinthe.
Qu'enfin se brise la froide tête !

Car toujours, gibier bleu,
Une chose à l'affût sous des arbres crépusculaires,
Suit de ces sentiers plus sombres
Qui veillent émus par les accords nocturnes,
La douce folie ;
Ou bien résonnait, plein
De sombre extase, le jeu de cordes
Aux pieds glacés de la pénitente
Dans la ville de pierre.

SEPTUOR DE LA MORT

Bleuâtre s'assombrit le printemps ; sous des arbres qui boivent,
De l'obscur chemine dans le soir et le déclin,
Épiant la douce plainte du merle.
Muette, la nuit paraît, gibier qui saigne
Et lentement sur la colline s'affaisse.

Dans l'air humide oscillent les rameaux en fleur du pommier,
Se dénoue dans l'argent l'entrelacé
Qui s'échappe mourant d'yeux de nuit ; chute d'étoiles ;
Doux chant de l'enfance.

Plus visible, le dormeur descendit la noire forêt,
Et se mit à bruire une source bleue dans le vallon,
Au point qu'il leva doucement ses paupières blêmes
Sur ce visage de neige ;

Et la lune chassa une bête rousse
De sa caverne ;
Et mourut en soupirs la sombre plainte des femmes.

Plus radieux leva les mains vers son étoile
L'étranger blanc ;
Muet, un mort quitte la maison en ruine.

Ô la forme décomposée de l'homme : faite de métaux froids,
De nuit et de la peur des forêts englouties
Et de la sauvagerie, qui brûle, de l'animal ;
Accalmie de l'âme.

Dans une barque noirâtre il descendit des fleuves étincelants,
Pleins d'étoiles pourpres, et paisibles
Tombèrent sur lui les branches reverdies,
Pavot écoulé du nuage d'argent.

NUIT D'HIVER

De la neige est tombée. Passé minuit, tu quittes, enivré de vin pourpre, le quartier sombre des hommes, la flamme rouge de leur foyer. Ô les ténèbres !

Gel noir. La terre est dure, l'air a un goût d'amertume. Tes étoiles se ferment en signes mauvais.

À pas pétrifiés, tu longes lourdement la voie, les yeux écarquillés, comme un soldat à l'assaut d'un rempart noir. Avanti !

Amères, neige et lune !

Un loup rouge qu'un ange étrangle. Tes jambes tintent en marchant comme de la glace bleue et un sourire plein de tristesse et d'orgueil a pétrifié ton visage et le front blêmit dans la volupté du gel ;

ou bien il se penche, muet, sur le sommeil d'une sentinelle qui s'est écroulée dans sa cabane de bois.

Gel et fumée. Un blanc linge d'étoiles brûle les épaules qui supportent et les vautours de Dieu lacèrent ton cœur de métal.

Ô la colline de pierre. En silence fond, et oublié, le corps froid dans la neige d'argent.

Noir est le sommeil. L'oreille suit longtemps les sentiers des étoiles dans la glace.

Au réveil, les cloches sonnaient dans le village. Le jour rose entra, à pas d'argent, par la porte de l'est.

Chant du séparé

À VENISE[1]

Silence dans la chambre nocturne.
Vacillement argenté de la bougie
Sous le souffle qui chante
Du solitaire ;
Merveilleux nuage de roses.

Un essaim de mouches, noirâtre,
Assombrit la salle de pierre
Et le tourment du jour doré
Fait se raidir la tête
De l'apatride.

Nuit sur la mer immobile.
Étoile et barque noirâtre
Ont disparu sur le canal.
Enfant, ton sourire maladif
M'a suivi sans bruit dans le sommeil.

LIMBES

Aux murs de l'automne, là-bas des ombres cherchent
Sur la colline l'or qui tinte
Nuages du soir pâturant
Dans le calme des platanes desséchés.
Plus sombres, les larmes que respire ce temps,
Damnation, quand du cœur du songeur
Déborde un couchant pourpre,
La tristesse de la ville fumante ;
Un froid d'or souffle derrière le marcheur,
L'étranger, depuis le cimetière,
Comme si suivait dans l'ombre un tendre cadavre.

Doucement sonne la bâtisse de pierre ;
Le jardin des orphelins, l'hospice sombre,
Un chaland rouge sur le canal.
Montent puis sombrent en rêvant dans l'obscurité
Des hommes pourrissants
Et de portes noirâtres
Saillent des anges aux fronts froids ;
Le bleu, plaintes des mères agonisantes.
À travers leur longue chevelure roule,

Roue ardente, le jour rond
Le tourment sans fin de la terre.

Dans des chambres glacées moisissent,
Privés de sens, des meubles, de ses mains osseuses
Une enfance damnée
Dans le bleu cherche à tâtons des légendes,
Le rat gras ronge la porte et le coffre,
Un cœur
Se glace dans un silence neigeux.
Résonnent les jurons pourpres
De la faim dans l'obscurité pourrissante,
Les épées noires du mensonge,
Comme si retombait une porte d'airain.

LE SOLEIL

Journellement vient le soleil jaune sur la colline.
Beaux, la forêt, l'animal sombre,
L'homme ; chasseur ou berger.

Rougeâtre dans l'étang vert remonte le poisson.
Sous le ciel arrondi
Le pêcheur en silence mène la barque bleue.

Lentement mûrit la grappe, le blé.
Quand paisible le jour s'incline,
Bien et mal sont à portée.

Quand la nuit tombe,
Le voyageur doucement lève ses paupières lourdes ;
D'un ravin obscur jaillit du soleil.

CHANT D'UN MERLE CAPTIF

Pour Ludwig von Ficker[1]

Souffle obscur dans les branchages verts.
Des fleurettes bleues flottent autour du visage
Du solitaire, du pas doré
Mourant sous l'olivier.
S'envole, à coups d'aile ivre, la nuit.
Si doucement saigne l'humilité,
Rosée qui goutte lentement de l'épine fleurie.
La miséricorde de bras radieux
Enveloppe un cœur qui se brise.

ÉTÉ

Au soir se tait la plainte
Du coucou dans la forêt.
Plus bas s'incline le blé,
Le pavot rouge.

Un orage noir menace
Par-dessus la colline.
Le vieil air du grillon
Meurt dans le champ.

Le feuillage du marronnier
Ne bouge plus.
Dans l'escalier tournant
Bruit ta robe.

Calme brille la chandelle
Dans la chambre obscure ;
Une main d'argent
L'a éteinte ;

Accalmie, nuit sans étoiles.

DÉCLIN DE L'ÉTÉ

Le vert été est devenu
D'un tel silence, ton visage de cristal.
Près de l'étang du soir moururent les fleurs,
Un appel effrayé de merle.

Vain espoir de vie. Déjà s'apprête
Au voyage l'hirondelle dans la maison
Et le soleil sombre au flanc de la colline ;
Déjà la nuit invite au voyage des astres.

Silence des villages ; sonores alentour
Les forêts délaissées. Cœur,
Penche-toi alors plus aimant
Sur la dormeuse paisible.

Le vert été est devenu
D'un tel silence, et sonne le pas
De l'étranger à travers la nuit d'argent.
Puisse un gibier bleu se souvenir de sa sente,

De l'harmonie de ses années mystiques !

AN

Calme sombre de l'enfance. Sous des frênes verdissants
Paît la douceur d'un regard bleuâtre ; quiétude d'or.
Un être obscur, le parfum des violettes le ravit ; épis chancelants
Dans le soir, semences et les ombres dorées de la tristesse.
Le charpentier taille des poutres ; dans le val assombri
Moud le moulin ; dans la coudraie se voûte une bouche pourpre,
Rouge viril penché sur des eaux taciturnes.
Léger l'automne, l'esprit de la forêt ; un nuage d'or
Suit le solitaire, ombre noire du descendant.
Déclin dans la chambre de pierre ; sous de vieux cyprès
Les images nocturnes des larmes sont rassemblées à la source ;
Œil d'or de l'origine, patience obscure de la fin.

OCCIDENT

En hommage à Else Lasker-Schüler[1]

1

Lune, comme si un mort sortait
D'une caverne bleue,
Et des fleurs beaucoup
Tombent sur le sentier rocheux.
Quelque chose de malade pleure argenté
Près de l'étang du soir,
Dans une barque noire
Des amants sont allés à la mort.

Ou bien sonnent les pas
D'Élis à travers le bois
D'hyacinthe,
Mourant à nouveau sous des chênes.
Ô la forme de l'enfant
Faite de larmes de cristal,
D'ombres nocturnes.
La foudre éclaire la tempe
L'éternelle glacée

Quand sur la colline verdissante
Retentit l'orage de printemps.

2

Si léger est le son des vertes forêts
De notre pays,
La vague de cristal
Allant mourir contre le mur en ruine,
Et nous avons pleuré dans le sommeil ;
Cheminent à pas hésitants
Au long de la haie d'épines
Ceux qui chantent dans l'été du soir,
Dans la paix sacrée
Du vignoble qui au loin se ternit ;
Ombres à présent, au cœur glacé
De la nuit, aigles qui déplorent.
Si calme un rayon lunaire
Ferme les plaies pourpres de la tristesse.

3

Ô grandes villes
Bâties de pierre
Dans la plaine !
Avec quel mutisme il suit
Le vent, l'apatride
Au front sombre,
Et les arbres dépouillés sur la colline.
Ô fleuves s'enténébrant au loin !

Angoissant,
L'atroce soleil couchant
Dans la nuée d'orage.
Ô peuples qui meurent !
Vague blême
Qui se brise sur la grève de la nuit,
Chute d'étoiles.

PRINTEMPS DE L'ÂME

Cri dans le sommeil ; dans des ruelles noires le vent s'engouffre,
Le bleu du printemps fait signe au travers des branches qui rompent
Rosée pourpre de la nuit et les étoiles autour s'éteignent.
La rivière se teint de vert, d'argent les vieilles allées
Et les clochers de la ville. Ô douce ivresse
Dans la barque qui glisse et les sombres appels du merle
Dans des jardins candides. Déjà s'allège la floraison rose.

En fête, le bruit des eaux. Ô les ombres humides du pré,
Le pas de l'animal ; feuilles virides, rameaux en fleurs
Touchent le front de cristal ; balancement de la barque scintillante.
Doucement le soleil sonne dans les nuages de roses contre la colline.

Grand, le silence des sapins, les ombres graves au bord de la rivière.

Pureté ! Pureté ! Où sont les sentiers effrayants de la mort,
Du gris mutisme de pierre, les roches de la nuit
Et les ombres sans paix ? Abîme rayonnant du soleil.

Sœur, quand je t'ai trouvée à la clairière solitaire
De la forêt, et il était midi, et grand le mutisme de la bête ;
Blanche sous le chêne sauvage, et d'argent les fleurs de l'épine.
Puissant mourir et la flamme chantante dans le cœur.

Plus sombres les eaux baignent les beaux jeux des poissons.
Heure du deuil, aspect taciturne du soleil ;
L'âme est de l'étranger sur terre. Mystique s'obscurcit [1]
Du bleu au-dessus de la forêt massacrée, et sonne
Longuement une cloche sombre dans le village ; cortège de paix.
En silence le myrte fleurit au-dessus des paupières blanches du mort.

Les eaux résonnent doucement dans le déclin de l'après-midi
Et la friche verdit plus sombre sur la rive, joie dans le vent rose ;
Le doux chant du frère sur la colline du soir.

DANS L'OMBRE[1]

L'âme tait le printemps bleu.
Sous les branchages humides du soir
Sombra dans les frissons le front des amants.

Ô la croix verdoyante. Dans de sombres paroles
L'homme et la femme se sont connus.
Près du mur dépouillé
Erre le solitaire avec ses astres.

Sur les chemins éclairés de lune de la forêt
Sombraient les lieux sauvages[2]
De chasses oubliées ; le regard du bleu
Jaillit de roches en ruine.

CHANT DU SÉPARÉ

À Karl Borromaeus Heinrich [1]

Plein d'harmonies est le vol des oiseaux. Les forêts vertes,
Au soir, se sont rassemblées vers des huttes plus calmes ;
Les pâtures cristallines du chevreuil.
L'obscur s'apaise au clapotis du ruisseau, aux ombres humides,

Et aux fleurs de l'été qui tintent avec beauté dans le vent.
Chez l'homme songeur déjà s'enténèbre le front.

Et brille une lampe, le Bien, dans son cœur
Et la paix de la cène ; car pain et vin sont consacrés
Par les mains de Dieu, et il te regarde, de ses yeux nocturnes
En silence, le frère, afin qu'il se repose d'une errance épineuse.
Ô la demeure dans la bleuité mystique de la nuit.

Avec amour aussi le mutisme dans la chambre enveloppe les ombres des ancêtres,
Les martyres pourpres, désolation d'une grande race
Qui pieusement se meurt en son descendant solitaire.

Car plus rayonnant toujours s'éveille des minutes noires de la folie
Le patient sur le seuil pétrifié,
Et l'étreint puissamment la bleuité fraîche et le déclin lumineux de l'automne,

La maison silencieuse et les légendes de la forêt,
Mesure et loi, et les sentiers lunaires des séparés.

Rêve et folie

Au soir le père devint vieillard ; dans de sombres chambres, le visage de la mère se pétrifia, et sur le garçon pesait la malédiction d'une race dégénérée. Parfois il se rappelait son enfance, emplie de maladies, d'effroi et de ténèbres, les jeux secrets au jardin étoilé, ou qu'il nourrissait les rats dans la cour crépusculaire. D'un miroir bleu sortait la forme mince de la sœur et il se jetait comme mort dans le noir. La nuit, sa bouche éclatait comme un fruit rouge et les étoiles s'allumaient sur sa détresse muette. Ses rêves emplissaient la vieille maison des pères. Le soir, il aimait aller à travers le cimetière en ruine, ou bien il contemplait les corps dans la chambre des morts au jour crépusculaire, les taches vertes de la décomposition sur leurs belles mains. À la porte du monastère, il mendia un morceau de pain ; l'ombre d'un cheval noir bondit hors de l'obscurité et l'effraya. Quand il était couché dans son lit glacé, des larmes indicibles s'emparaient de lui. Mais il n'y avait personne pour poser la main sur son front. Quand l'automne venait, il allait, un voyant, dans la prairie brune. Ô, les heures d'extase sauvage, les soirs au bord de la rivière verte, les chasses. Ô, l'âme qui chantait doucement la mélodie des roseaux jaunis, piété ardente. Silencieux il regardait, et longuement, dans les yeux étoilés du crapaud, touchait de ses mains frissonnantes le froid de la pierre vieille et donnait voix à la légende vénérable de la source bleue. Ô, les poissons argentés et les fruits qui tombaient des arbres rabougris. Les accords de ses pas l'emplissaient d'orgueil et de mépris pour l'homme. Sur le chemin du retour il rencontra un château inhabité. Des dieux en ruine se tenaient dans le jardin, exhalant leur deuil avec le soir. Mais il lui semblait : ici j'ai vécu des années oubliées. Un choral d'orgue l'emplissait des frissons de Dieu. Mais dans une caverne sombre il passait ses jours, mentait et volait, et se cachait, loup flamboyant, du visage blanc de la mère. Ô, l'heure où il s'écroula, la bouche pierreuse, dans le jardin étoilé, où l'ombre du meurtrier vint sur lui. Le front pourpre, il entra dans le marécage et la colère de Dieu châtia ses épaules de métal ; ô, les bouleaux dans la tempête, la faune sombre qui évitait ses sentes enténébrées. La haine consumait son cœur, jouissance, quand il viola l'enfant sans voix dans le jardin viride de l'été, reconnut dans son visage radieux le sien pris de folie. Douleur, à la fenêtre le soir, quand des fleurs pourpres surgit, squelette horrible, la mort. Ô, les tours et les cloches ; et les ombres de la nuit, pierres, tombèrent sur lui.

*

Personne ne l'aimait. Mensonge et luxure embrasaient sa tête dans des chambres crépusculaires. Le bruissement bleu d'un vêtement de femme le fit se figer en colonne et dans la porte se tenait la forme nocturne de sa mère. À son chevet se leva l'ombre du mal. Ô, nuits et étoiles. Le soir, il passa avec l'infirme près de la montagne ; sur le sommet glacé s'étendait l'éclat rose du couchant et son cœur sonnait doucement dans le crépuscule. Lourdement les sapins houleux s'abaissèrent sur eux et le chasseur rouge sortit de la forêt. Quand la nuit vint, son cœur se brisa, cristallin, et l'obscurité frappa son front. Sous des chênes dépouillés il étrangla de ses mains glacées un chat sauvage. Implorante, à sa droite, apparut la forme blanche d'un ange, et dans l'obscurité grandit l'ombre de l'infirme. Mais lui prit une pierre et la lui jeta, ce qui le fit fuir en hurlant, et en soupirant s'effaça dans l'ombre de l'arbre le doux visage de l'ange. Longtemps il resta couché dans un champ pierreux et vit, étonné, le firmament doré. Chassé par des chauves-souris, il se jeta dans l'obscurité. Haletant il entra dans la maison en ruine. Dans la cour il but, bête sauvage, aux eaux bleues de la fontaine, jusqu'à ce qu'il eût froid. Délirant de fièvre, il resta assis sur les marches glacées, criant à Dieu sa rage de mourir. Ô, le visage gris de la peur, quand il leva ses yeux hébétés sur la gorge tranchée d'une colombe. Fuyant sur des escaliers inconnus, il rencontra une fille juive et il saisit ses cheveux noirs et prit sa bouche. L'hostile le suivait dans des ruelles obscures et un grincement de fer déchirait son oreille. Le long des murs de l'automne, il suivait en silence, jeune servant, le prêtre muet ; sous des arbres desséchés il respirait, ivre, l'écarlate de ce vêtement vénérable. Ô, le disque flétri du soleil. De doux martyres consumaient sa chair. Dans un passage désert, sa forme sanglante lui apparut, raide d'ordure. Il portait un amour plus profond aux œuvres sublimes de la pierre ; au clocher qui, la nuit, assaille de ses grimaces d'enfer le ciel bleu étoilé ; à la tombe froide qui garde le cœur ardent de l'homme. Douleur, la faute indicible qu'elle signale. Mais comme il descendait en méditant une pensée brûlante le fleuve automnal, avançant sous des arbres dépouillés, lui apparut dans un manteau de crin, démon flamboyant, la sœur. Au réveil les étoiles s'éteignirent à leur tête.

*

Ô la race maudite. Quand dans des chambres maculées le destin de chacun est accompli, la mort entre à pas pourrissants dans la maison. Ô, si dehors c'était le printemps et que dans l'arbre en fleur un oiseau adorable chantait. Mais grisâtre se dessèche la maigre verdure aux fenêtres des nocturnes, et les cœurs en sang songent encore au mal. Ô, dans le demi-jour, les chemins printaniers du songeur. Plus justement le réjouit la haie en fleurs, les jeunes pousses du paysan et l'oiseau qui chante, douce créature de Dieu ; la cloche du soir et la belle communauté des hommes. Son destin, s'il pouvait l'oublier, et le dard de l'épine. Le ruisseau verdit, libre, où chemine son pied d'argent, et un arbre parlant murmure au-dessus de sa tête envahie de ténèbres. Alors il prend dans sa main frêle le serpent, et son cœur fondit en larmes ardentes. Sublimes, le mutisme de la forêt, l'obscurité verdie et les bêtes moussues qui s'envolent quand la nuit vient.

Ô le frisson, quand chacun connaît sa faute, va des sentiers épineux. Alors il trouva dans le buisson d'épines la forme blanche de l'enfant, saignant en quête du manteau de son fiancé. Mais lui se tenait devant elle, enfoui dans sa chevelure d'acier, se taisant et souffrant. Ô les anges radieux que dispersa le vent pourpre de la nuit. Il habita toute la nuit une caverne de cristal et la lèpre poussa argentée sur son front. Une ombre, il descendit le sentier en lisière sous les étoiles de l'automne. De la neige tombait, et une obscurité bleue emplissait la maison. Comme d'un aveugle, la voix dure du père résonna, et elle conjura l'épouvante. Malheur à l'apparition courbée des femmes. Sous les mains roides de la race horrifiée, fruits et meubles se flétrirent. Un loup déchiqueta le premier-né et les sœurs fuirent dans de sombres jardins chez des vieillards osseux. Lui, voyant envahi de ténèbres, chantait près des murs en ruine, et le vent de Dieu engloutit sa voix. Ô la volupté de la mort. Ô enfants d'une race sombre. Argentées luisent les fleurs mauvaises du sang sur sa tempe, la lune froide dans ses yeux brisés. Ô, les nocturnes ; ô, les maudits.

*

Profonde la torpeur dans de sombres poisons, emplie d'étoiles et du blanc visage de la mère, pierreux. Amère la mort, la nourriture des coupables ; dans les branches brunes du tronc, se désagrégeaient, grimaçants, les visages de terre. Mais lui chantait doucement dans l'ombre verte du sureau, quand il se réveillait de rêves mauvais ; comme un ange rose, doux compagnon de jeu, s'approchait, il sombra dans le sommeil à la nuit, gibier calme ; et il vit le visage étoilé de la pureté. Les tournesols s'inclinaient, dorés, par-dessus la clôture du jardin, quand vint l'été. Ô, le zèle des abeilles et le feuillage vert du noyer ; les orages qui passaient. Le pavot lui aussi fleurissait argenté, portait dans sa capsule verte nos rêves de nuit étoilés. Ô, comme la maison était silencieuse, lorsque le père s'en alla dans l'obscurité. Pourpre mûrissait le fruit sur l'arbre et le jardinier bougeait ses mains dures ; ô les signes de crin dans le soleil resplendissant. Mais en silence, au soir, l'ombre du mort entra dans le cercle des siens en deuil et son pas résonna de cristal à travers la prairie verdoyante devant la forêt. Ceux-ci s'assemblaient à la table, muets ; de leurs mains de cire ils rompirent, mourants, le pain qui saignait. Douleur, les yeux pierreux de la sœur quand, au repas, sa folie vint sur le front nocturne du frère, quand sous les mains douloureuses de la mère le pain devint pierre. Ô les décomposés, quand leurs langues d'argent taisaient l'enfer. Alors, les lampes s'éteignirent dans la chambre glacée et sous leurs masques pourpres les êtres douloureux se regardèrent en silence. Au long de la nuit il y eut un bruit de pluie et elle rafraîchit la campagne. Dans les fourrés d'épines, le ténébreux suivait les sentiers jaunis dans le blé, le chant de l'alouette et le calme silence des rameaux verts, et qu'il trouve la paix. Ô, villages et marches moussues, vue brûlante. Mais les pas chancellent, osseux, par-dessus des serpents endormis à l'orée de la forêt, et l'oreille suit toujours le cri furieux du vautour. Au soir il trouva un désert pierreux, le cortège d'un mort entrant dans la maison obscure du père. Comme un nuage pourpre enveloppait sa tête, il se jeta, muet, sur son propre sang, sur son image, visage lunaire ; et, pierre, s'écroula dans le vide quand parut dans un miroir brisé, adolescent mourant, la sœur ; et la nuit engloutit la race maudite.

Poèmes publiés dans la revue *Le Brenner*

1914-1915

À HELLBRUNN

Suivant à nouveau la plainte bleue du soir,
Au long de la colline, de l'étang printanier —
Comme si planaient au-dessus les ombres de morts anciens,
Les ombres des princes de l'Église, de nobles femmes —
Déjà s'ouvrent leurs fleurs, les violettes graves
Dans le vallon du soir, murmure la vague cristalline
De la source bleue. Si mystiquement verdissent
Les chênes au-dessus des sentes oubliées des morts,
Le nuage d'or au-dessus de l'étang.

LE CŒUR

Le cœur sauvage devint blanc près de la forêt ;
Ô peur obscure
De la mort, quand l'or
Dans un nuage gris mourut.
Soir de novembre.
Au porche nu de l'abattoir restait
La troupe des femmes pauvres ;
Dans chaque panier
Tombèrent viande pourrie et entrailles ;
Nourriture maudite !

La colombe bleue du soir
N'apporta pas la réconciliation.
Un sombre appel de trompette
Traversa le feuillage d'or
Mouillé des ormes,
Drapeau déchiré
Fumant de sang,
Et dans sa tristesse sauvage
Un homme écoute.

Ô ! ces temps d'airain
Enterrés là-bas dans le couchant.

Du vestibule obscur sortit
La forme d'or
De l'adolescente
Environnée de lunes blêmes,
Cortège automnal,
Dans la tempête nocturne
Se brisèrent des sapins noirs,
La forteresse abrupte.
Ô cœur
Scintillant jusqu'au froid neigeux.

LE SOMMEIL

Soyez maudits, sombres poisons,
Blanc sommeil !
Ce très étrange jardin
D'arbres crépusculaires
Empli de serpents, de phalènes,
D'araignées, de chauves-souris.
Étranger ! Ton ombre perdue,
Dans le couchant,
Ténébreux corsaire
Dans la mer salée de l'affliction.
S'envolent des oiseaux blancs à l'orée de la nuit
Sur des villes d'acier
Qui s'écroulent.

L'ORAGE

Ô montagnes sauvages, deuil
Sublime des aigles.
Une nuée d'or
Fume sur un désert pierreux.
Paix patiente que respirent les pins,
Les agneaux noirs au bord du ravin
Où soudain le bleu
Étrangement se tait,
Le bruissement doux des bourdons.
Ô fleur verte —
Ô silence.

Comme en rêve, les sombres esprits
Du torrent ébranlent le cœur,
Obscurité
Qui tombe au-dessus des gorges !
Blanches voix
Errant à travers d'effrayants vestibules,
Des terrasses éventrées,
La violente rancune des pères, la plainte
Des mères,

Le cri de guerre doré du garçon
Et l'inengendré
Soupirant de ses yeux aveugles.

Ô douleur, vision flamboyante
De la grande âme !
Déjà dans le tumulte noir
Des chevaux et des chars
Un éclair rose effrayant
Jaillit dans le pin sonore.
Un froid magnétique
Flotte autour de cette tête fière,
Rougeoyante tristesse
D'un dieu en courroux.

Peur, serpent venimeux,
Noir, meurs dans la pierraille !
Voici que se déversent les torrents
Sauvages des larmes,
Tempête-miséricorde,
Résonnent en des tonnerres menaçants
Les sommets neigeux alentour.
Du feu
Purifie la nuit déchirée.

LE SOIR

De figures de héros morts
Tu emplis, lune,
Les forêts qui se taisent,
Croissant de lune —
De l'étreinte douce
Des amants,
Des ombres de temps illustres,
Les rochers pourrissants alentour ;
Quel éclat bleuâtre
Du côté de la ville
Où froide et mauvaise
Habite une race en décomposition
Qui prépare le sombre avenir
Des descendants blancs.
Ô ombres englouties de lune
Poussant des soupirs dans le cristal vide
Du lac de montagne.

LA NUIT

C'est toi que je chante, ravin sauvage,
Montagnes dressées
Dans la tempête de la nuit ;
Ô tours grises
Débordant de grimaces infernales,
De faune ardente,
De rêches fougères, de pins,
De fleurs cristallines.
Tourment infini
D'avoir traqué Dieu,
Doux esprit,
Poussant des soupirs dans la cataracte,
Dans le balancement des pins.

D'or embrasent les feux
Des peuples alentour.
Sur des écueils noirâtres
Se jette ivre de mort
La rougissante fiancée du vent,
La vague bleue
Du glacier

Et gronde
Puissamment la cloche dans la vallée :
Flammes, malédictions,
Et les sombres
Jeux de la volupté,
À l'assaut du ciel
Une tête pétrifiée.

LA TRISTESSE

Quelle violence, bouche sombre,
Au-dedans de toi, forme faite
Des nuées d'automne,
Du calme d'or du soir ;
Un torrent au reflet verdâtre
Dans le cercle d'ombre
Des pins fracassés ;
Un village
Qui meurt pieusement en des images brunes.

Voici que bondissent les chevaux noirs
Sur le pâturage brumeux.
Ô soldats !
De la colline où mourant le soleil roule
Se déverse le sang rieur —
Sous les chênes,
Sans voix ! Ô tristesse grondante
De l'armée ; un casque étincelant
Est tombé en sonnant d'un front pourpre.

La nuit d'automne vient si fraîche,
Avec les étoiles s'illumine
Au-dessus des débris d'os humains
La moniale silencieuse.

LE RETOUR

Le froid des années sombres,
Douleur et espérance,
Que conservent la pierre cyclopéenne,
La montagne inhabitée,
Le souffle d'or de l'automne,
Nuage du soir —
Pureté !

De ses yeux bleus regarde
Une enfance de cristal ;
Sous des pins obscurs
Amour, espérance,
Au point que des paupières ardentes
Goutte dans l'herbe roide une rosée —
Intarissable !

Ô ! Là-bas la passerelle d'or
Qui se brise dans la neige
De l'abîme !
La vallée nocturne respire

Un froid bleu,
Foi, espérance !
Salut à toi, cimetière solitaire !

LAMENTATION

Adolescent sorti d'une bouche de cristal
Ton regard d'or descendit dans la vallée ;
Vague de la forêt rousse et morne
Dans le noir crépuscule.
Le soir ouvre une blessure si profonde !

Peur ! rêve pesant de la mort,
Tombe dépérie et vraiment
Dans l'arbre et le gibier l'année regarde ;
Champs nus et terre des labours.
Le berger appelle le troupeau craintif.

Sœur, tes sourcils bleus
Font signe doucement dans la nuit.
L'orgue soupire et l'enfer rit
Et un frisson d'effroi saisit le cœur ;
Lui voudrait voir étoile et ange.

La mère doit trembler pour son petit enfant ;
Rouge vibre dans le puits le minerai,
Volupté, larmes, douleur de pierre,
Les sombres légendes des Titans.
Tristesse ! solitaire lamentation des aigles.

ABANDON À LA NUIT

Moniale ! enferme-moi dans ton obscurité,
Ô montagnes froides et bleues !
Tombe en sang une rosée sombre ;
La croix se dresse abrupte dans le scintillement des
astres.

Pourpres éclatèrent bouche et mensonge
Dans les ruines de la chambre glacée ;
Brille encore un rire, jeu d'or,
Les derniers sons d'une cloche.

Nuage de lune ! Noirâtres tombent
De l'arbre, la nuit, des fruits sauvages
Et l'espace devient tombeau
Et ce voyage terrestre, un rêve.

À L'EST

Aux orgues sauvages de la tourmente d'hiver
Ressemble la colère sombre du peuple,
La vague pourpre du combat,
D'étoiles dépouillées.

De ses sourcils brisés, des bras d'argent,
La nuit adresse un signe aux soldats qui meurent.
Dans l'ombre du frêne automnal
Soupirent les esprits des victimes.

Des broussailles épineuses encerclent la ville.
Des marches sanglantes, la lune
Chasse les femmes épouvantées.
Des loups sauvages franchirent les portes.

LAMENTATION

Sommeil et mort, les mornes aigles
Bruissent au long de la nuit autour de cette tête :
L'image d'or de l'homme,
Que l'engloutisse la lame glacée
De l'éternité. Sur d'affreux récifs
Se fracasse le corps pourpre
Et la voix sombre lamente
Sur la mer.
Sœur d'une tristesse houleuse
Vois une barque angoissée naufrage
Sous les étoiles,
Sous le visage muet de la nuit.

GRODEK[1]

Le soir, les forêts automnales résonnent
D'armes de mort, les plaines dorées,
Les lacs bleus, sur lesquels le soleil
Plus lugubre roule, et la nuit enveloppe
Des guerriers mourants, la plainte sauvage
De leurs bouches brisées.
Mais en silence s'amasse sur les pâtures du val
Nuée rouge qu'habite un dieu en courroux
Le sang versé, froid lunaire ;
Toutes les routes débouchent dans la pourriture noire.
Sous les rameaux dorés de la nuit et les étoiles
Chancelle l'ombre de la sœur à travers le bois muet
Pour saluer les esprits des héros, les faces qui saignent ;
Et doucement vibrent dans les roseaux les flûtes sombres de l'automne.
Ô deuil plus fier ! autels d'airain !
La flamme brûlante de l'esprit, une douleur puissante la nourrit aujourd'hui,
Les descendants inengendrés.

RÉVÉLATION ET ANÉANTISSEMENT[1]

Étranges sont les sentes nocturnes de l'homme. Comme j'allais, somnambule, au long des chambres de pierre, et en chacune brûlait une petite lampe silencieuse, un chandelier de cuivre, et comme je m'écroulais, glacé, sur mon lit, de nouveau se tint à mon chevet l'ombre noire de l'étrangère et je cachai, muet, mon visage dans mes mains lentes. À la fenêtre l'hyacinthe aussi s'était ouverte bleue, et vint sur la lèvre pourpre du vivant la vieille prière, tombèrent des paupières des larmes de cristal, pleurées sur le monde amer. En cette heure j'étais, dans la mort de mon père, le fils blanc. De la colline vint en frissons bleus le vent de nuit, la sombre plainte de la mère, mourant de nouveau, et je vis l'enfer noir dans mon cœur ; minute de silence moiré. Doucement sortit du mur de chaux un visage indicible — adolescent mourant — beauté d'une race qui s'en revient. Blanc de lune, le froid de la pierre enveloppa la tempe en éveil, les pas des ombres s'évanouirent sur des degrés en ruine, leur ronde rose dans le petit jardin.

Muet, j'étais assis dans l'auberge déserte sous les poutres de bois enfumées, et solitaire devant mon vin ; un cadavre radieux penché sur une chose sombre, et il y avait un agneau mort à mes pieds. Du bleu pourrissant sortit la forme blême de la sœur et ainsi parla sa bouche en sang : déchire noire épine. Ah encore ils résonnent d'orages violents, mes bras d'argent. Sang, coule des pieds lunaires, fleuris sur des sentiers nocturnes que le rat franchit en criant. Prenez feu, étoiles, dans mes sourcils voûtés ; et le cœur doucement résonne dans la nuit. Entra dans la maison une ombre rouge à l'épée flamboyante, s'enfuit avec un front de neige. Ô mort amère.

Et une voix sombre sortit de moi : dans la forêt pleine de nuit, j'ai rompu le garrot de mon cheval noir, quand la folie jaillit de ses yeux pourpres ; les ombres des ormes tombèrent sur moi, le rire bleu de la source et le froid noir de la nuit quand je levai, chasseur sauvage, un gibier de neige ; dans un enfer de pierre mon visage mourut.

Et une goutte de sang, étincelante, tomba dans le vin du solitaire ; et quand j'en bus, il était plus amer que le pavot ; et un nuage noirâtre enveloppa ma tête, les larmes cristallines d'anges damnés ; et doucement, de la blessure argentée de la sœur, coula le sang, et une pluie ardente tomba sur moi.

À la lisière de la forêt je veux marcher, muet, dont les mains interdites laissèrent sombrer le soleil de crin ; un étranger sur la colline du soir, qui lève en pleurant ses paupières sur la ville de pierre ; un gibier qui se tient immobile en silence dans la paix du vieux sureau ;

ô sans repos la tête crépusculaire écoute, ou bien les pas hésitants suivent le nuage bleu sur la colline, de graves astres aussi. À son côté l'escortent en silence les vertes pousses, l'accompagne sur les sentiers moussus de la forêt, timide, le chevreuil. Les cabanes des villageois se sont fermées, muettes, et dans l'accalmie noire du vent angoisse la plainte bleue du torrent.

Mais comme je descendais le sentier rocheux, la folie m'empoigna et je criai haut dans la nuit ; et comme je me courbais avec des doigts d'argent sur les eaux taciturnes, je vis que mon visage m'avait quitté. Et la voix, blanche, me parla : tue-toi ! Soupirante, l'ombre d'un enfant se leva en moi et me regarda, radieuse, de ses yeux de cristal, au point que je m'écroulai pleurant sous les arbres, la voûte puissante des étoiles.

Longue marche sans paix à travers la pierraille sauvage loin des hameaux du soir, des troupeaux qui reviennent ; au loin le soleil qui décline paît dans une prairie de cristal et son chant sauvage bouleverse, le cri solitaire de l'oiseau, mourant dans un calme bleu. Mais doucement tu viens dans la nuit, alors que je veillais couché sur la colline, ou délirant dans l'orage de printemps ; et plus noir toujours la tristesse embrume la tête séparée, des éclairs sinistres épouvantent l'âme nocturne, tes mains déchirent ma poitrine hors de souffle.

Comme j'allais dans le jardin crépusculaire, et la forme noire du mal s'était écartée de moi, le silence d'hyacinthe de la nuit me saisit ; et je traversais dans une barque courbe l'étang endormi et une douce paix touchait mon front pétrifié. Sans voix, j'étais couché sous les vieux saules et le ciel bleu était au-dessus de moi haut et plein d'étoiles ; et comme regardant je mourais, la peur et la plus profonde douleur moururent en moi ; et se leva l'ombre bleue de l'enfant radieuse dans l'obscurité, doux chant ; se leva, sur des ailes lunaires, au-dessus des cimes feuillues, des écueils de cristal, le visage blanc de la sœur.

Avec des semelles d'argent je descendis les degrés épineux et j'entrai dans la chambre blanchie à la chaux. Un chandelier y brûlait en silence et je cachai, muet, ma tête dans les linons pourpres ; et la terre rejeta un cadavre d'enfant, forme lunaire, qui sortit lentement de mon ombre, dévala bras rompus des éboulis pierreux, neige floconneuse.

Choix de poèmes épars

1912-1914

Sombre est la chanson de la pluie de printemps dans la nuit,
Sous les nuages les frissons de fleurs de poirier roses,
Jonglerie du cœur, chant et folie de la nuit.
Anges de feu qui sortent des yeux morts.

Une forme qui habita longtemps le froid de la pierre
obscure
Ouvre sonore la bouche blême
Des yeux ronds de hibou — Or sonore.

Elles trouvèrent en ruine et vide la caverne de la forêt
L'ombre d'une biche dans les branchages pourris
À l'orée de la source les ténèbres de son enfance.

Un oiseau longuement chante à l'orée de la forêt ton
déclin
Les frissons peureux de ton manteau noir
Apparaît l'ombre du cheval noir dans le miroir de la
source.

DÉLIRIUM

La neige noire qui ruisselle des toits ;
Un doigt rouge plonge dans ton front,
Dans la chambre nue descendent des névés bleus
Qui sont les miroirs engourdis des amants.
En lourds morceaux éclate la tête et médite
Les ombres dans le miroir des névés bleus,
Le sourire froid d'une putain morte.
Dans des parfums d'œillet pleure le vent du soir.

AU BORD D'UNE EAU VIEILLE

Présage obscur de l'eau : front dans la bouche de la nuit.
Soupirant dans de noirs coussins l'ombre rose de l'homme,
Rougeur de l'automne, le bruissement de l'érable dans le vieux parc,
Concerts de chambre mourant sur les degrés en ruine.

La nuit bleue s'est levée douce sur nos fronts.
En silence se touchent nos mains décomposées
Douce fiancée !

Notre visage devint blême, des perles de lune
Se sont dissoutes dans le fond vert de l'étang.
Pétrifiés nous regardons nos étoiles.

Ô douleur ! Coupables cheminent dans le jardin
En une sauvage étreinte les ombres,
Et dans une colère violente arbre et bête sombrèrent
  sur eux.

Harmonies douces, quand dans des vagues de cristal
Nous traversons la nuit silencieuse
Et qu'un ange rose sort des tombes des amants.

Ô habiter dans le silence du jardin crépusculaire,
Quand les yeux de la sœur se sont ouverts grands et sombres dans le frère
Et la pourpre de leurs bouches brisées
A fondu dans le froid du soir.
Heure déchirante.

Septembre a mûri la poire dorée. Douceur d'encens
Et le dahlia brûle contre la vieille clôture,
Dis ! où étions-nous, quand sur une barque noire
Au milieu du soir nous passions,

Et au-dessus passait la grue. Les bras pris de froid
Serraient une chose noire, et dedans coulait du sang.
Et un bleu humide autour de nos tempes. Pauvre petit enfant.
Profond dans des yeux qui savent médite une race sombre.

AU SOIR

Un ruisseau bleu, sentier et soir le long de cabanes en ruine.
Derrière de sombres buissons des enfants jouent avec des boules bleues et rouges ;
Plusieurs changent leur front et les mains pourrissent dans le feuillage brun.

Dans le silence osseux brille le cœur du solitaire,
Se balance une barque sur des eaux noirâtres.
À travers le bois sombre voltigent les cheveux et le rire de filles brunes.

Les ombres des vieux croisent le vol d'un petit oiseau ;
Secret de fleurs sur leurs tempes.
D'autres chancellent sur des bancs noirs au vent du soir.

Des soupirs dorés s'éteignent doucement dans les branches nues
Du châtaignier ; un son de cymbales sombres de l'été,
Quand l'étrangère sur l'escalier en ruine paraît.

JUGEMENT

Les cabanes de l'enfance sont dans l'automne,
Hameau en ruine ; formes sombres,
Mères chantant dans le vent du soir ;
Aux fenêtres angélus et mains jointes.

Mort-né ; sur fond vert
Secret de fleurs bleues et silence.
La folie ouvre la bouche pourpre :
Dies irae — tombe et silence.

Marche tâtonnante au long d'épines vertes ;
Dans le sommeil : crachats de sang, faim et rire ;
Feu au village, éveil dans la verdure ;
Peur et balancement sur une barque clapotante.

Ou bien contre l'escalier de bois s'appuie
De nouveau l'ombre blanche de l'étrangère. —
Un pauvre pécheur éperdu de bleu
A laissé sa pourriture aux lys et aux rats.

Si doucement sonnent
Dans le soir les ombres bleues
Sur le mur blanc.
En silence s'incline l'année automnale.

Heure de tristesse infinie,
Comme si je souffrais pour toi la mort.
Des astres souffle
Un vent neigeux dans ta chevelure.

De sombres chants
Chante en moi ta bouche pourpre,
La cabane taciturne de notre enfance,
Légendes oubliées ;

Comme si j'habitais, doux gibier,
Dans le flot de cristal
De la source froide
Et que fleurissaient autour les violettes

La rosée du printemps qui tombe
Des branches sombres, vient la nuit
Avec ses éclats d'étoiles, alors que tu as oublié la lumière

Sous la voûte d'épines tu étais couché et le dard s'enfonça
Profond dans le corps de cristal
Pour que plus ardente l'âme épouse la nuit.

La fiancée d'étoiles s'est parée,
Le myrte pur
Qui s'incline sur le visage adorant du mort.

Plein de frissons qui fleurissent
T'enveloppe enfin le manteau bleu de la souveraine.

Ô les hêtres effeuillés et la neige noirâtre.
Doucement le nord souffle. Ici sur le sentier brun
Est allé, il y a des lunes, un être sombre

Seul dans l'automne. Toujours tombent les flocons
Sur les branchages nus,
Sur les roseaux desséchés ; du cristal vert chante dans l'étang.

Vide la cabane de chaume ; chose enfantine
Sont les bouleaux flottant au vent de la nuit.
Ô le chemin qui doucement a froid dans l'obscurité.
Et habiter dans la neige rose

HEURE DU TOURMENT

Noirâtre dans le jardin d'automne le pas suit
La lune brillante,
Descend contre le mur frileux la nuit puissante.
Ô, l'heure épineuse du tourment.

D'argent vacille dans la chambre crépusculaire la bougie du solitaire,
Mourant, quand il pense une chose sombre
Et sur le périssable penche sa tête de pierre,

Ivre de vin et d'harmonie nocturne.
Toujours l'oreille suit
La douce plainte du merle dans le buisson de noisetiers.

Heure sombre du rosaire. Qui es-tu
Flûte solitaire,
Front, frileusement penché sur des temps sombres.

PLAINTE NOCTURNE

La nuit au-dessus du front ravagé s'est levée
Avec de belles étoiles
Sur la colline, quand tu étais couché pétrifié de douleur,

Et qu'une bête sauvage dans le jardin mangeait ton cœur.
Un ange de feu
Tu es couché, la poitrine brisée, sur le champ pierreux,

Ou un oiseau nocturne dans la forêt
Toujours répétant
Une plainte infinie dans les branchages épineux de la nuit.

À JEANNE

Souvent j'entends tes pas
Sonner dans la ruelle.
Dans le jardin brun
Le bleu de ton ombre.

Sous la tonnelle crépusculaire
J'étais assis muet devant mon vin.
Une goutte de sang
Tombait de ta tempe

Dans le verre chanteur,
Heure d'infinie tristesse.
Il souffle des astres
Un vent neigeux dans le feuillage.

Chaque mort, et la nuit,
L'homme blême les endure.
Ta bouche pourpre
Habite en moi, blessure.

Comme si je venais des vertes
Collines de sapins et légendes
Du pays natal,
Depuis longtemps oubliées —

Qui sommes-nous ? La plainte bleue
D'une source moussue dans la forêt,
Où les violettes
Embaument, secrètes, au printemps.

Un paisible village en été
Abritait un jour l'enfance
De notre race ;
Mourant maintenant sur la colline

Du soir, descendants blancs,
Nous rêvons les terreurs
De notre sang nocturne,
Ombres dans la ville de pierre.

MÉLANCOLIE

L'âme bleue s'est refermée muette,
Par la fenêtre ouverte descend la forêt brune,
Le calme de bêtes sombres ; dans le vallon moud
Le moulin, près de la passerelle reposent des nuages déversés,

Les étrangers d'or. Une troupe de chevaux
Surgit rouge dans le village. Brun et froid dans le jardin.
L'aster tremble, contre la clôture délicatement peint
L'or du tournesol a déjà presque coulé.

Les voix des filles ; la rosée s'est déversée
Dans l'herbe dure, et blanches et froides les étoiles.
Dans l'ombre chère vois la mort peinte,
Plein de larmes ton visage, et refermé.

Prends, soir bleu, la tempe de quelqu'un, sans bruit une torpeur
Sous des arbres d'automne, sous un nuage doré.
La forêt regarde ; comme si le garçon habitait, gibier bleu,
Dans la vague de cristal de la source fraîche,
Comme son cœur bat sans bruit dans un crépuscule d'hyacinthe,
Se désole l'ombre de la sœur, ses cheveux pourpres ;
Ceux-ci vacillent dans le vent de nuit. Lui va en somnambule
Des sentiers engloutis et sa bouche rouge rêve
Sous des arbres pourrissants ; muet, le froid de l'étang
Étreint le dormeur, glisse
La lune en ruine sur ses yeux noirâtres.
Étoiles s'enfonçant dans les branchages bruns des chênes.

AU SOIR

Encore est jaune l'herbe, gris et noir l'arbre,
Mais d'un pas verdissant tu longes la forêt,
Garçon qui regarde de ses grands yeux dans le soleil.
Ô comme les cris ravis des petits oiseaux sont beaux.

La rivière arrive des montagnes, froide et claire,
Et bruit dans sa cachette verte ; même bruissement
Quand tu bouges les jambes, ivre. Promenade sauvage

Dans le bleu ; esprit qui sort des arbres et des herbes
  amères,
Vois ta forme. Ô délire ! L'amour se penche vers le
  féminin,
Des eaux bleuâtres. Paix et pureté !

Le bourgeon contient beaucoup, du vert ! Déjà très
  sombre,
Que le front soit délivré par les humides branchages
  du soir,
Pas et tristesse sonnent en accord au soleil pourpre.

ÂME DE NUIT

En silence de nouveau la forêt moisie accueille
La source balbutiante,
Plainte qui dure, de cristal, dans l'ombre.

Taciturne descendit des noires forêts, gibier bleu,
L'âme,
Quand il faisait nuit ; sur des marches moussues une
source neigeuse.

Sang et tumulte d'armes des temps oubliés
L'eau bruit dans la gorge des pins.
La lune luit toujours dans des chambres en ruine,

Larve d'argent ivre de gels sombres
Penchée sur le sommeil du chasseur,
Tête que ses légendes ont quittée.

Ô il ouvre alors ses mains lentes
Pour accueillir la lumière,
Soupirant dans une obscurité puissante.

RÊVERIE

Alentour une douce vie pousse en secret,
À travers la verdure se hâtent pas et cœur.
L'amour s'attarde aux haies
Qui s'emplissent d'odeurs.

Hêtre pensif au jardin de l'auberge. Les cloches humides
Se sont tues ; un gars chante
— Feu qui cherche le sombre —
Ô bleu silence, patience !

Donne aussi, nuit verdissante,
La bonne humeur au solitaire
Dont l'étoile s'est éteinte,
Rire dans le vin pourpre.

PSAUME

Silence ; comme s'effondreraient des aveugles contre le mur d'automne,
Écoutant de leurs tempes pourries le vol des corbeaux ;
Silence d'or de l'automne, le visage du père au soleil vacillant,
Se délabre, le soir, dans la paix des chênes bruns le vieux village,
Le martèlement rouge de la forge, cœur qui bat.
Silence ; dans ses mains lentes la servante cache son front d'hyacinthe
Sous des tournesols flottants. La peur et le mutisme
D'yeux mourants emplissent la chambre crépusculaire, les pas hésitants
Des vieilles femmes, la fuite de la bouche pourpre qui s'éteint lentement dans l'ombre.

Soir taciturne dans le vin. Des poutres basses
Tomba un phalène nocturne, nymphe ensevelie dans un sommeil bleuâtre.

Dans la cour le valet tue un agneau, l'odeur douce du sang
Couvre nos fronts, la fraîcheur sombre de la fontaine.
Longuement déplore la tristesse des asters mourants, des voix d'or dans le vent.
Quand vient la nuit, tu me regardes avec des yeux décomposés,
Dans un silence bleu tes joues sont tombées en poussière.

Si doucement s'éteint un feu d'herbes, se tait le hameau noir dans le vallon,
Comme si la croix descendait la colline bleue du Calvaire
Et la terre taciturne rejetait ses morts.

LES TOURNESOLS

Vous tournesols dorés,
Avec ferveur penchés vers la mort,
Vous sœurs soumises,
Dans un tel silence
Prend fin l'année d'Hélian,
D'un froid de cimes.

Alors blêmit sous les baisers
Son front ivre,
Au milieu de ces fleurs
Dorées de la tristesse
L'obscurité taciturne
Achemine l'esprit.

Fragment de drame

PREMIÈRE VERSION

1

Cabane à la lisière d'une forêt. Au fond un château. C'est le soir.

LE FERMIER

Notre journée est faite. Le soleil s'est couché. Rentrons à la maison.

PIERRE

Près du moulin aujourd'hui on a trouvé le cadavre d'un garçon. Les orphelins du village chantaient son pourrissement noir. Les poissons rougeâtres ont dévoré ses yeux et une bête a déchiqueté son corps d'argent ; l'eau bleue tressé une couronne d'orties et d'épine sauvage dans ses boucles sombres.

LE FERMIER

Hier rouge, quand un loup déchira mon premier-né. Malédiction, malédiction au long des années sombres. À quoi me fais-tu resonger : doucement sonnent les cloches, lentement s'arque la passerelle noire au-dessus du ruisseau et l'écho des chasses rouges se perd dans les forêts. Sombre chante la folie dans le village ; demain nous soulèverons peut-être le linceul d'un mort aimé. Allons. Ô les troupeaux sonnant à l'orée de la forêt, le murmure du blé —

PIERRE

Votre fille —

LE FERMIER

Que parles-tu de ta sœur ! J'ai vu son visage cette nuit dans l'étang d'étoiles, enveloppé de voiles sanglants. L'étrangère pour son père —

PIERRE

La sœur chantant dans le buisson d'épines et le sang coulait de ses doigts d'argent, la sueur, de son front de cire. Qui a bu son sang ?

LE FERMIER

Dieu tu as frappé ma maison. Dans la chambre crépusculaire je me tiens, la tête courbée, devant la flamme de mon âtre ; dedans sont suie et pureté, et je sais dans l'ombre un hôte osseux ; aveuglement de feu. Où es-tu Pierre ?

PIERRE

Des serpents verts chuchotent dans le noisetier — Un pas dans la flamme angélique —

LE FERMIER

Ô les chemins pleins de piquants et de pierraille. Qui vous appelle ; pour que dans le sommeil vous quittiez la maison et la tête blanche avant que le coq chante au matin.

PIERRE

Ô la porte du monastère qui se ferme en silence. Des orages passent au-dessus du château. Grimaces d'enfer et les épées de flamme des anges. Ailleurs ! Ailleurs ! Adieu.

LE FERMIER

Ô la moisson qui (...) Déjà bruit l'herbe sauvage sur les marches de la maison, niche dans la muraille le scorpion. Ô mes enfants.

Marie tu me parles une petite flammerole, enfant en-allé, une source bleue ma femme morte et les vieux arbres tombent sur nous. Qui parle ? Jeanne, fille voix blanche dans le vent de nuit, de quels tristes pèlerinages rentres-tu. Ô toi, sang de mon sang, chemin et rêveuse dans la nuit de lune — qui es-tu ? Pierre, fils le plus sombre, mendiant tu es assis à la lisière du champ pierreux, affamé d'accomplir le silence de ton père. Ô la lourdeur d'été du blé ; sueur et faute et enfin sombre dans des chambres vides aussi la tête lasse. Ô le murmure du tilleul du fond de l'enfance, vain espoir de la vie, le pain pétrifié ! Incline-toi nuit silencieuse maintenant.

Il cache sa face dans ses mains.

2

Broussaille épineuse, rochers, une source. C'est la nuit.

JEANNE

Déchire noire épine. Ah encore résonnent d'orage violent les bras d'argent. Sang, coule des pieds délirants. Comme ils ont blanchi aux chemins nocturnes ! Ô le criaillement des rats dans la cour, l'odeur des narcisses. Printemps rose niche dans les sourcils douloureux. Qu'avez-vous à jouer rêves putréfiés de l'enfance dans mes yeux brisés. Ailleurs ! Ailleurs ! De l'écarlate ne coule-t-il pas de ma bouche. Danses blanches sous la lune. Bête fit irruption dans la maison, la gueule haletante. Mort ! Mort ! Ô combien douce est la vie ! Dans l'arbre dépouillé habite la mère, me regarde avec mes yeux tristes. Mèche blanche du père tomba dans le buisson de sureau — Petite, c'est ma chevelure en flammes. N'y touche pas, sœur avec tes doigts froids.

L'APPARITION

Silencieux balancement de la floraison qui s'embrase.

JEANNE

Douleur, la plaie béante dans ton cœur, chère sœur.

L'APPARITION

Jouissance brûlante ; tourment sans fin. Sens les souffrances noirâtres de mon sein.

JEANNE

De qui le visage apparaît dans ton ombre ; fait de métal et des anges de feu dans le regard ; épées brisées dans le cœur.

L'APPARITION

Douleur ! Mon assassin !

L'apparition s'évanouit.

JEANNE

Honte ardente qui me tue ; Élaï ! Feu de neige dans la lune !

Elle se jette inconsciente dans le buisson d'épines qui se referme sur elle.

L'ERRANT

Qui cria dans la nuit, dérange pour moi le doux oubli dans le nuage noir ? Chemin et colline où j'ai reposé en larmes ardentes — laisse donc Dieu être rêve, le pas dans la forêt moussue, cabane que j'ai quittée au couchant, femme et enfant. Fuyons ces ombres terribles.

L'ASSASSIN

Marches de plomb vers le néant. Qui m'a arraché au sommeil ; m'ordonna d'aller des sentiers déserts. Qui a pris mon visage, changé le cœur en calcaire. Maudit ton nom ! Qui a ôté la lampe de mes mains. Oubli sauvage. Qui pousse le couteau dans ma rouge main droite. Or rieur ! Maudit ! Maudit !

Ses yeux fixent l'air.

L'ERRANT

Comme l'ombre s'est faite autour de moi ; voix au-dedans annonce malheur, sainte mère sèche la sueur sur mon front, le sang ; triste appel de merle, soleil d'après-midi dans la forêt — où ai-je rêvé cela ?

L'ASSASSIN, *se précipitant sur lui.*

Chien, tes ossements !

Il le poignarde.

L'ERRANT, *mourant.*

Ôte de ma gorge ta main noire — loin de mes yeux plaie de nuit — cauchemar pourpre de l'enfance.

Il tombe en arrière.

L'ASSASSIN

Or rieur, sang — ô maudit !

Il fouille dans la sacoche du mort.

DEUXIÈME VERSION

ACTE I

Dans la cabane du fermier. C'est la nuit. Le fermier, son fils Pierre. On frappe.

PIERRE

Qui est là ?

UNE VOIX, *au-dehors.*

Ouvre !

Pierre ouvre. Entre Kermor.

KERMOR

Dans la forêt j'ai rompu le garrot de mon cheval noir, quand jaillit de ses yeux pourpres la folie ; l'ombre des ormes tombe sur moi, le rire bleu de l'eau. Nuit et lune ! Où suis-je. M'écroulant dans un doux sommeil, m'entourent de leur frémissement des cheveux argentés de sorcière ! Le proche autour de moi, étranger, se fait nuit.

Il se laisse tomber près du foyer.

PIERRE

Sa tempe saigne. Son visage est noir d'orgueil et de détresse, père !

LE FERMIER

Notre journée est faite, le soleil s'est couché. Tranquille notre vie.

PIERRE

Près du moulin aujourd'hui on a trouvé le cadavre du moine. Les orphelins du village chantaient son pourrissement noir. Des poissons rougeâtres ont dévoré ses yeux et une bête a déchiqueté son corps d'argent ; l'eau bleue tressé une couronne d'orties et d'épine sauvage dans ses cheveux sombres.

LE FERMIER

Hier rouge, matin reverdi. Ma femme est morte, perdu le premier-né, aveugle le visage du vieillard. Malédiction au long des années sombres. Qui vint vers nous en étranger ?

KERMOR, *dormant.*

Évanoui votre écho, chasses rouges. Passerelle noire, lentement arquée au-dessus du ruisseau. Forêts et cloches. Doucement la main d'argent soulève le linceul de la sombre dormeuse, présente dans des épines le cœur de métal. Visage lunaire.

LE FERMIER

S'est éteinte la flamme du foyer ! Qui donc me quitte !

PIERRE

Ô la sœur chantant dans le buisson d'épines et le sang ruisselle de ses doigts d'argent, sueur de son front de cire. Qui boit son sang ?

KERMOR, *dormant.*

Ô chemins dans la pierre. Visage d'étoiles enveloppé d'un voile de glace ; étrangère chantant — Des ténèbres s'agitent dans mon cœur.

LE FERMIER

Dieu terrible qui est descendu dans ma maison. Moissonné est le blé, pressée la grappe. Ô les chambres obscures ! voix des anges. Gémis tempête d'automne ! Tombe sur moi, noire montagne, nuage d'acier ; chemin coupable qui m'a conduit ici.

JEANNE

Voix riant dans le vent de nuit —

KERMOR, *il l'aperçoit.*

Marches épineuses dans la poussière et l'obscurité ; flambe flamme pourpre d'enfer !

Il se relève et s'enfuit dans le noir.

JEANNE, *dressée.*

Mon sang sur toi — quand tu as surgi dans mon sommeil.

Dossier

CHRONOLOGIE

(Les citations sont empruntées à la correspondance de Trakl.)

1887. Naissance de Georg Trakl, le 3 février, à Salzbourg, dans une famille aisée qui comprend déjà quatre enfants. Père quincaillier, Souabe luthérien de Hongrie. Mère d'ascendance en partie tchèque, catholique. Baptême protestant.

1891. Naissance de la sœur, Grete.

1897. Études au lycée de Salzbourg.

1904. Premiers essais poétiques au sein du groupe « Apollon », rebaptisé plus tard « Minerve ».

1905. Insuccès scolaire. Georg quitte le lycée. Stage dans une pharmacie de Salzbourg, « À l'ange blanc ».
« Pour remédier à mon épuisement nerveux, je me suis malheureusement réfugié de nouveau dans le chloroforme. L'effet a été terrible [...]. Je résiste à la tentation de me tranquilliser par de tels procédés, car je sens la catastrophe trop proche. »

1906. Trakl fait représenter au théâtre municipal de Salzbourg deux pièces, *Jour des morts* et *Fata Morgana*, qu'il détruira. Publication d'une nouvelle, « Pays du rêve ».

1908. Premiers poèmes publiés en revue. Études de pharmacie à l'université de Vienne.

« Les Viennois ne me plaisent pas [...]. Rien ne me répugne autant que la bonhomie forcée. »

« Quand je suis arrivé ici, il m'a semblé que je voyais pour la première fois la vie telle qu'elle est, sans aucune interprétation personnelle [...]. J'ai senti en moi les plus effrayantes possibilités [...], senti en moi hurler les démons [...]. Quel affreux cauchemar ! »

« Cela n'est plus ! [...] Mon œil s'élance en rêvant vers ses images, qui sont plus belles que toute la réalité ! »

1909. Trakl compose un premier recueil de poèmes qu'il confie à son ami Erhard Buschbeck, et qui restera inédit de son vivant.

« Tu peux difficilement imaginer le ravissement qu'on éprouve, quand tout ce qui à longueur d'année s'est amassé [...] tout à coup jaillit sans qu'on s'y attende en pleine lumière, libéré et libérateur. J'ai des jours bénis derrière moi — oh, si j'en avais devant moi d'encore plus riches, et pas de fin, pour tout donner et redonner de ce que j'ai reçu... »

« En ce qui concerne mes poèmes, ce qui peut leur arriver ne m'intéresse plus. »

1910. Mort du père. Trakl s'engage comme pharmacien militaire à Vienne.

« Je suis en ce moment assailli par beaucoup trop de visions (quel infernal chaos de rythmes et d'images) pour avoir le temps de faire autre chose que de donner forme à une infime partie de tout cela [...]. Viennent ensuite des temps d'indicible sécheresse à traverser ! Quelle vie absurdement déchirée que cette vie-là ! »

1911. « Ci-joint le poème refondu. Il est meilleur que dans sa première version dans la mesure où il est maintenant impersonnel, et plein à craquer de mouvement et de visions [...]. Tu peux croire que j'ai et que j'aurai toujours du mal à me soumettre sans conditions à ce qu'il faut représenter, et il faudra que je me reprenne sans cesse pour rendre à la vérité ce qui appartient à la vérité. »

1912. Mariage de Grete. — À Innsbruck, où il est affecté à l'hôpital de la garnison, Trakl collabore à la revue *Der Brenner*, dirigée par Ludwig von Ficker. Rencontre Karl Kraus, à qui il dédie « Psaume ». Compose ce qui deviendra le recueil des *Poèmes* (*Crépuscule et déclin*).

« Avant-hier, j'ai bu 10 (dix) quarts de rouge. À quatre heures du matin, j'ai pris sur mon balcon un bain de lune et de gel et pour finir, j'ai écrit un superbe poème qui claque des dents. Mais à Vienne, le soleil " rayonne " au ciel " serein " et la " tendre " mélancolie de la forêt viennoise n'est pas non plus " sans charme ". Dans les guinguettes, le " cœur d'or " se réjouit et quand les " langoureuses mélodies " se mettent à résonner, pense donc, ô homme, que chez les " vaillants montagnards " il neige et qu'on pèle de froid. Ô que le monde est triste, que la tristesse est nulle et que le nul est monde. »

« Peut-être irai-je aussi à Bornéo... Tôt ou tard, l'orage qui s'amoncelle en moi finira par éclater. »

1913. Publication de *Poèmes* (*Crépuscule et déclin*) chez Kurt Wolff, l'éditeur d'avant-garde découvreur de Kafka.

Séjours dans le Tyrol, puis à Vienne. Renonce à son poste. Rencontre le peintre Oskar Kokoschka. Voyage à Venise.

« Je vis entre la fièvre et l'évanouissement dans des chambres ensoleillées où il fait un froid indicible. Étranges frissons de métamorphose, ressentis dans mon corps à la limite du supportable, visions de ténèbres avec la certitude d'être mort, extases jusqu'à une fixité de pierre ; et continuation de rêves tristes » (février).

« Vivement le jour où cette âme n'aura plus à habiter ce corps malheureux, infecté de tristesse, où elle quittera ce ridicule pantin de boue et de pourriture, reflet par trop fidèle d'un siècle impie et maudit. Dieu, juste une étincelle de joie pure, et l'on serait préservé — un peu d'amour, et l'on serait sauvé » (juin).

« Il m'est arrivé dans les derniers jours des choses si terribles que je ne pourrai, de ma vie entière, chasser leur ombre. Oui, mon ami, ma vie s'est trouvée indiciblement brisée en quelques jours et il ne me reste qu'une souffrance sans mots à laquelle même l'amertume est interdite » (novembre).

1914. Mars : envoie à Kurt Wolff le manuscrit de *Sébastien en rêve.* Séjour à Berlin où il retrouve sa sœur Grete, qui vient de faire une fausse couche, et rencontre la poétesse Else Lasker-Schüler.

Mai : s'installe à Hohenburg, dans le Tyrol, chez le frère de Ludwig von Ficker.

Juin : entre en rapport avec l'office colonial néerlandais.

Juillet : le philosophe Ludwig Wittgenstein offre de remettre à Trakl, par l'intermédiaire de Ficker, une somme de 20 000 couronnes.

24 août : départ pour le front. Le détachement sanitaire dont fait partie Trakl s'installe en Galicie.

6-11 septembre : bataille de Grodek. Trakl soigne les blessés.

7 octobre : tentative de suicide.

« Je suis en observation à l'hôpital militaire de Cracovie pour troubles mentaux. Ma santé est en péril et je sombre très souvent dans une tristesse indicible. »

Derniers poèmes. « Je me sens presque déjà de l'autre côté du monde. »

3 novembre : mort de Trakl à Cracovie, d'une paralysie cardiaque due à l'absorption de cocaïne.

1915. Publication de *Sébastien en rêve.*

1917. Grete, qui avait débuté une carrière de pianiste, devenue toxicomane sous l'influence de son frère, se suicide à Berlin.

NOTICE

Publiée à Salzbourg en 1969, chez Otto Müller, par les soins de Walther Killy et de Hans Szklenar, l'édition critique des œuvres de Georg Trakl (*Dichtungen und Briefe, Historisch-Kritische Ausgabe*, en abrégé HKA) est ainsi composée :

Vol. I — 1) *Gedichte* (« Poèmes », ici : « Crépuscule et déclin ») [1re publication : 1913].
2) *Sebastian im Traum* (« Sébastien en rêve ») [1re publication : 1915, la date indiquée est 1914].
3) Poèmes publiés dans la revue *Der Brenner* en 1914-1915.
4) Autres textes publiés du vivant de l'auteur : poésies, quatre proses (« Pays du rêve », « Barrabas », « Marie-Madeleine », « Abandon », tous de 1906), trois critiques.
5) Œuvres dites « posthumes », comprenant :
a) le recueil de 1909.
b) poèmes épars, 1909-1912.
c) poèmes épars, 1912-1914.
d) variantes, brouillons et fragments divers.
e) trois essais dramatiques : *Barbe-bleue*, pièce pour marionnettes (1910) ; *La Mort de Don Juan*, fragment de tragédie (1906-1908) ; *Fragment de drame* (1914).
f) deux aphorismes (1908 et 1914) et dédicaces diverses.
g) la correspondance (145 lettres).

Vol. II. — Appareil critique et documents.

À la différence des *Œuvres complètes* (Gallimard, 1972), qui contiennent l'essentiel des textes du premier volume de l'édition critique, dont les proses et poésies de jeunesse, ainsi que la totalité des fragments dramatiques, le présent volume, centré sur l'œuvre de la « maturité » de Trakl (1912-1914), réunit, outre les deux recueils *Poèmes (Crépuscule et déclin)* et *Sébastien en rêve,* les poèmes publiés dans *Le Brenner,* le fragment de drame de 1914 et un choix de poèmes épars des dernières années.

On trouvera à la table des matières, pour chaque poème, la datation qui figure dans l'édition critique ; celle-ci donne, en l'absence d'une référence précise, deux limites extrêmes. Les poésies rimées sont indiquées par un R.

Le texte de la traduction est celui des *Œuvres complètes.* Il a été révisé pour cette édition, les retouches ne portant que sur quelques points mineurs.

CRÉPUSCULE ET DÉCLIN

Publié sous le titre *Gedichte* (« Poèmes ») par Kurt Wolff en juillet 1913, dans la collection « *Der Jüngste Tag* » (« Le Jugement Dernier », mais aussi « le dernier jour », littéralement : « le jour le plus jeune ») où il voisine avec des textes de Kafka et des principaux auteurs de la génération expressionniste.

Un choix de poèmes, plus large, avait été proposé par Trakl à l'éditeur Albert Langen, et refusé par celui-ci en mars 1913. Le manuscrit portait le titre de « Crépuscule et déclin » *(Dämmerung und Verfall).* C'est à partir de ce manuscrit que Trakl a composé le choix du nouveau recueil. Contre l'avis de certains philologues, on a préféré restituer à celui-ci son titre originel, tellement plus personnel et plus parlant. Le vœu du poète semble nous y autoriser, comme l'atteste cet extrait d'une lettre de Trakl à son éditeur : « Ci-joints les deux contrats signés. Si vous souhaitez changer le titre du recueil, je vous propose celui qu'il portait à l'origine : " Crépuscule et déclin ". Je crois qu'il exprime tout l'essentiel » (lettre 71, HKA I, p. 511).

Le plus ancien des textes de *Crépuscule et déclin,* « Ruine », date de juin 1909. Contemporain du recueil constitué par Trakl cette même année (*Œuvres complètes,* p. 277 à 314), il est assez représentatif, avec quelques autres (p. 29, 37, 42...), du dernier stade de sa poésie de jeunesse. Le plus tardif, « A l'enfant Elis », est de mai

1913. Il figure dans l'édition originale à la suite de « Dans une chambre abandonnée » (p. 44). Le poète l'ayant repris dans *Sébastien en rêve,* nous l'avons fait figurer à la place qu'il y occupe, dans un contexte plus satisfaisant pour la logique et la chronologie.

Deux poèmes du recueil, « Rêve du mal » (p. 49) et « Misère de l'homme » (p. 92) ont été remaniés après publication. Le texte de la nouvelle version, qui figure dans la dernière lettre adressée par Trakl à Ludwig von Ficker, le 27 octobre 1914, est indiqué en note.

SÉBASTIEN EN RÊVE

Le second et principal recueil de Georg Trakl, dont l'auteur avait adressé le manuscrit à son éditeur, Kurt Wolff, le 6 mars 1914, n'a paru en définitive qu'au début de 1915, plusieurs mois après la mort du poète. D'une plus grande unité d'écriture que le premier livre, il n'en porte pas moins la marque d'une évolution sensible à la lecture des poèmes intégrés tardivement au recueil (cf. lettre 120 du 10 juin 1914, HKA I, p. 539). Ceux-ci, tels « Limbes » ou « Occident », dont il existe plusieurs versions antérieures, également achevées (nous donnons la meilleure en note), se rattachent, par leur style hymnique inspiré de Hölderlin, aux poèmes du *Brenner,* plus qu'à ceux, à dominante élégiaque, de *Sébastien,* composés entre fin 1912 et le printemps 1914.

POÈMES PUBLIÉS DANS LA REVUE *LE BRENNER* (1914-1915)

Trakl a publié dès mai 1912 plusieurs poèmes dans *Le Brenner,* revue fondée à Innsbruck en 1910 par Ludwig von Ficker, dont certains ont été recueillis dans *Crépuscule et déclin* et *Sébastien en rêve.* Les textes tardifs réunis ici ont paru dans les cahiers 16, 19, 20 (mai-juillet 1914) et dans les 4ᵉ et 5ᵉ almanachs du *Brenner* (1914 et 1915).

CHOIX DE POÈMES ÉPARS (1912-1914)

N'ont été retenus que des textes aboutis qui parfois, font jeu égal avec ceux de *Sébastien,* à l'exclusion des courts fragments et des complexes poétiques assimilables à une première version des poèmes.

Certains, recueillis sur manuscrits, quoique parfaits, n'en portent pas moins des signes extérieurs d'inachèvement : ponctuation manquante, titres absents. Un seul parmi ceux qui figurent ici, « Âme de nuit », a été publié du vivant de l'auteur, dans le numéro 3 de la revue mensuelle *Phöbus* (juin 1914).

FRAGMENT DE DRAME

Datant du printemps 1914, ce texte halluciné peut être considéré comme une première ébauche, fragmentaire, du poème en prose « Révélation et anéantissement », écrit au mois de mai.

INDICATIONS BIBLIOGRAPHIQUES

I. TEXTE

Georg Trakl, *Dichtungen und Briefe. Historisch-Kritische Ausgabe*, édité par Walther Killy et Hans Szklenar, 2 vol., Salzbourg, Otto Müller, 1969.

Georg Trakl, *Das dichterische Werk*, Munich, DTV Klassik, n° 2163, 1972 (format de poche, sur la base de l'édition critique).

Georg Trakl, *Œuvres complètes*, traduites et présentées par Marc Petit et Jean-Claude Schneider, Gallimard, 1972.

Georg Trakl, « " Café Bazar ", Complexe G21 », brouillons d'« Hélian » traduits par Marc Petit, *Action poétique*, n° 66, 1976, p. 28-37.

II. BIBLIOGRAPHIE

Walther Ritzer, *Neue Trakl-Bibliographie*, Salzbourg, Otto Müller, 1983.

Bibliographie française dans *Austriaca* n° 25, Rouen, 1987, p. 149-155.

III. BIOGRAPHIE

Erinnerungen an Georg Trakl, Salzbourg, Otto Müller, éd. augmentée, 1966.

Otto Basil, *Georg Trakl in Selbstzeugnissen und Bilddokumenten*, Reinbek, Rowohlt, 1965.

IV. CHOIX D'ÉTUDES EN FRANÇAIS

Robert Rovini, *Georg Trakl*, Seghers, 1964.
Rémy Colombat, *Rimbaud — Heym — Trakl*, Berne, Peter Lang, 1987.
Sud, numéro spécial sur Georg Trakl (n° 73), Marseille, 1987.
Austriaca, numéro spécial sur Georg Trakl (n° 25), Rouen, CERA, Université de Haute-Normandie, 1987.
À paraître : *Actes du colloque international Georg Trakl de Paris (Pariser Trakl-Kolloquium), 1987.*

V. CHOIX D'ÉTUDES EN ALLEMAND

Walther Killy, *Über Georg Trakl*, Göttingen, Vandenhoeck & Ruprecht, 1967.
Hans-Georg Kemper : *Georg Trakls Entwürfe, Aspekte zu ihrem Verständnis*, Tübingen, Niemeyer, 1970.
Text + Kritik, numéro consacré à Georg Trakl, n° 4/4a, Munich, 1973.
Franz Fühmann, *Der Wahrheit nachsinnen — Viel Schmerz*. Vol. 2 : *Gedanken zu Georg Trakls Gedicht*, Wiesbaden, Drei Lilien Verlag, 1983.
G. Rusch et S. J. Schmidt, *Das Voraussetzungssystem Georg Trakls*, Braunschweig, Vieweg, 1983.
Iris Denneler, *Konstruktion und Expression. Zur Strategie und Wirkung der Lyrik Georg Trakls*, Salzbourg, Otto Müller, 1984.

NOTES

CRÉPUSCULE ET DÉCLIN

Page 30. LA JEUNE SERVANTE

1. Ludwig von Ficker (1880-1967) : directeur de la revue *Der Brenner*, à Innsbruck, ami et mécène de Trakl.

Page 37. MUSIQUE À MIRABELL

1. Mirabell : résidence d'été des archevêques de Salzbourg.

Page 39. CRÉPUSCULE D'HIVER

1. Max von Esterle (1870-1947) : peintre et caricaturiste de talent, auteur du remarquable portrait du poète dont la couverture du présent volume reproduit un détail.

Page 49. RÊVE DU MAL

1. Nouvelle version (octobre 1914) :

v. 1 : *Se perdant, les sons d'une cloche des morts —*
v. 3 : *La joue contre les étoiles qui scintillent à la fenêtre.*

Page 56. TOUSSAINT

1. Karl Hauer (1875-1919) : écrivain et figure scandaleuse de la bohème salzbourgeoise, ami de Trakl depuis fin 1911.

Page 61. LIEU PRÈS DE LA FORÊT

1. Karl Minnich (1886-1964) : condisciple et ami de Trakl.

Page 84. PSAUME

1. Karl Kraus (1874-1936) : écrivain flamboyant et redoutable polémiste, auteur des *Derniers Jours de l'Humanité.* Trakl lui a consacré un poème de *Sébastien en rêve* (p. 158).

Page 91. UN SOIR D'AUTOMNE

1. Karl Röck (1883-1954) : collaborateur du *Brenner,* ami et confident de Trakl, dont il publiera en 1917 l'œuvre poétique, non sans en modifier profondément l'ordonnance.

Page 92. MISÈRE DE L'HOMME

1. Nouvelle version (octobre 1914), en quatre strophes, intitulée « Tristesse de l'homme » :

v. 3 : *Dans le jardin du soir sifflent des arbres pourris.*
v. 6 : *Devant des yeux tristes, des images nocturnes vacillent*

Strophes 3 et 4 :

Il semble qu'on entende le cri des chauves-souris,
Dans le jardin quelqu'un assembler un cercueil.
Des ossements luisent au travers des murs en ruine
Et noirâtre un fou s'éloigne en chancelant.

Un rayon bleu dans la nuée d'automne se prend en glace.
Les amants s'enlacent dans le sommeil,
S'appuyant contre les ailes étoilées des anges
Le laurier orne la tempe blême de l'être noble.

Page 98. TROIS REGARDS DANS UNE OPALE

1. Erhard Buschbeck (1889-1960) : plus tard homme de théâtre à Vienne, ami de jeunesse de Trakl et l'un de ses principaux correspondants.

Page 102. HÉLIAN

1. Comme Élis (p. 118) et Élaï (p. 101), le nom d'Hélian, que l'on a rapproché d'Hélios, reste mystérieux. — « C'est la chose la plus chère et la plus douloureuse que j'ai écrite à ce jour » (lettre à E. Buschbeck, janvier 1913, HKA I, p. 501).

SÉBASTIEN EN RÊVE

Page 120. HOHENBURG

1. Hohenburg, près d'Igls, au Tyrol, demeure du musicologue Rudolf von Ficker, frère de Ludwig.

Page 121. SÉBASTIEN EN RÊVE

1. Adolf Loos (1870-1933) : célèbre architecte autrichien.

Page 127. SOIR À LANS

1. Lans : village aux environs d'Innsbruck.

Page 129. CHANT POUR GASPARD HAUSER

1. Chanté par Verlaine, le « pauvre Gaspard » (1812-1833), sorte d'enfant-loup aussi mystérieusement apparu que disparu, et dont on a dit qu'il était le fils de Charles de Bade, est devenu, depuis le mémoire d'Anselm von Feuerbach, une figure légendaire de la mythologie romantique.

2. Bessie Loos (1883-1921 ?) : danseuse de cabaret d'origine anglaise, compagne d'Adolf Loos.

Page 132. MÉTAMORPHOSE DU MAL

1. On pourrait aussi traduire par : « métamorphose du mauvais ».

Page 139. SONIA

1. Le poème se réfère à la figure de Sonia, la jeune prostituée au cœur pur, rédemptrice de Raskolnikov dans *Crime et châtiment* (en allemand : « Faute et expiation ») de Dostoïevski, un des livres de chevet de Trakl.

2. *Wildnis* (« fourré ») pourrait être aussi rendu par « sauvagerie ».

Page 142. AFRA

1. Afra (en français, sainte Afre) : prostituée d'Augustodunum (Augsbourg), fut convertie par les moines Félix et Narcisse, et subit le martyre sous Dioclétien, en 304. Une chapelle ornée d'une peinture d'autel baroque lui est consacrée dans le village de Thaur, près de Mühlau, au Tyrol. Peut-être le poème de Trakl se réfère-t-il à cette peinture (cf. W. Methlagl, « " Sonja " und " Afra " », *Austriaca* n° 25, Rouen, 1987, p. 67 sq.)

Page 145. PAIX ET SILENCE

1. L'expression « Paix et silence », qui revient dans « Automne transfiguré », p. 60, fait écho à une poésie tardive de Hölderlin.

Page 146. ANIF

1. Anif : localité aux environs de Salzbourg.

Page 149. DÉCLIN

1. Karl Borromaeus Heinrich (1884-1938) : écrivain mystique (il entrera dans les ordres), auteur des *Lettres de la vie recluse* (1913), ami de Trakl depuis décembre 1912.

Page 153. CHANT OCCIDENTAL

1. À l'avant-dernier vers, *ein Geschlecht* peut aussi se lire : « une seule race », « une seule lignée ».

Page 158. KARL KRAUS

1. Cf. p. 84, note 1.

Page 160. PASSION

1. Il existe de ce poème deux autres versions, légèrement antérieures. Nous donnons ici le texte de la version intermédiaire :

Quand Orphée touche le luth en sons d'argent,
Déplorant une mort dans le jardin du soir —
Qui es-tu, reposant sous de hauts arbres ?

Le roseau automnal, l'étang bleu
Bruissent la plainte.

Malheur, la forme mince du garçon,
Qui s'allume pourpre,
Mère douloureuse, dans son manteau bleu
Cachant sa honte sacrée.

Malheur, l'engendré, puisse-t-il mourir
Avant d'avoir goûté le fruit ardent,
Celui amer de la faute.

Qui pleures-tu sous des arbres crépusculaires ?
La sœur, sombre amour
D'une race sauvage,
Quand la quitte le jour bruissant sur ses roues d'or.

Ô, puisse la nuit venir plus pieuse,
Kristus.

Cadavre tu cherches sous des arbres reverdis
Ta fiancée,
La rose d'argent
Flottant au-dessus de la colline nocturne.

*

Cheminant sur les rives noires
De la mort,
Pourpre s'ouvre dans le cœur la fleur d'enfer.

Penché sur des eaux soupirantes
Vois ton épouse : visage roide de lèpre
Et sa chevelure flotte sauvage dans la nuit.

Deux loups dans la forêt obscure
Nous mêlâmes notre sang dans une étreinte de pierre
Et les étoiles de notre race tombèrent sur nous.

Ô, l'aiguillon de la mort.
Défunts nous nous regardons à la croix des chemins

Et dans nos yeux d'argent
Se mirent les ombres noires de notre sauvagerie,
Hideux rire qui brisa nos bouches.

Des marches épineuses s'enfoncent dans l'obscurité,
Pour que des pieds glacés s'écoule
Plus rouge le sang sur le champ pierreux.

Sur le flot pourpre
Se berce, qui veille, la dormeuse d'argent.

*

Mais lui devint arbre neigeux
Sur la colline aux ossements,
Gibier épiant de sa blessure purulente,
De nouveau pierre taciturne.

Ô, la douce heure sidérale
De ce calme de cristal,
Quand dans la chambre épineuse
Le visage lépreux de toi se détacha.

Nocturne sonne le jeu de cordes solitaire de l'âme
Plein de sombre extase
Aux pieds d'argent de la pénitente
Dans le silence bleu
Et la réconciliation de l'olivier.

Page 166. À VENISE

1. Cf. le billet du 15 août 1913 à E. Buschbeck : « Ami ! La terre est ronde. Samedi je dévale vers Venise. Toujours plus loin — jusqu'aux étoiles » (HKA I, p. 523).

Page 170. CHANT D'UN MERLE CAPTIF

1. Cf. p. 30, note 1.

Page 174. OCCIDENT

1. Else Lasker-Schüler (1869-1945) : poétesse expressionniste rencontrée à Berlin en mars 1914. Personnalité excentrique, celle qui

signait « le prince Youssouf » est l'auteur d'une œuvre lyrique attachante, d'inspiration juive et orientale.

Il existe d' « Occident » plusieurs versions antérieures, dont la suivante, qui mérite d'être citée intégralement en raison de son importance :

1

Des hameaux en ruine s'enfoncèrent
Dans le novembre brun,
Les sentiers sombres des villageois
Sous de petits pommiers
Rabougris, les plaintes
Des femmes sous leur voile d'argent.

Meurt la race des pères.
De soupirs est
Empli le vent du soir,
De l'esprit des forêts.

La passerelle en silence mène
Vers des roses nuageuses
Sur la colline un gibier pieux ;
Et bruissent
Les sources bleues dans l'ombre,
Et puisse, douceur,
Un enfant naître.

Sans bruit à la croix des chemins
L'ombre quitta l'étranger
Et, de pierre, s'aveuglent
Ses yeux qui regardent,
Et puisse de la lèvre
Le chant plus doucement couler ;

Car c'est la nuit
La demeure des amants,
Est sans voix le visage bleu,
Au-dessus d'un mort

La tempe ouverte ;
Aspect de cristal ;

Le suit sur de sombres sentiers
Au long des murs
Un corps sans vie.

2

Quand la nuit est venue
Apparaissent nos astres au ciel
Sous de vieux oliviers,
Ou bien le long de cyprès sombres
Nous allons de blancs chemins ;
Ange porteur d'épée :
Mon frère.
La bouche pétrifiée tait
Le chant sombre des douleurs.

Rencontre à nouveau d'un mort
Dans son linon blanc
Et des fleurs beaucoup
Tombent sur le sentier rocheux.

D'argent pleure une chose malade,
Chose lépreuse au bord de l'étang,
Où il y a longtemps
Gais dans l'après-midi des amants reposèrent.

Ou bien sonnent les pas
D'Élis à travers le bois
D'hyacinthe,
Mourant à nouveau sous des chênes.
Ô la forme du garçon
Faite de larmes de cristal
Et d'ombres nocturnes.

Autrement le front pressent le parfait,
Le front frais, candide,

Quand au-dessus de la colline verdissante
Retentit l'orage de printemps.

3

Si léger est le son des vertes forêts
De notre pays,
Le soleil descend sur la colline
Et nous avons pleuré dans le sommeil ;
Cheminons à pas blancs
Au long de la haie d'épines,
Ceux qui chantent dans l'été des épis
Et des êtres nés dans la douleur.

Déjà pour l'homme mûrit le blé,
La vigne sacrée.
Et dans une chambre de pierre,
Froide, le repas est prêt.
Aussi pour l'être bon
Le cœur est réconcilié dans le silence vert
Et la fraîcheur des hauts arbres.
De ses mains douces il distribue la nourriture.

Beaucoup veillent
Dans la nuit étoilée
Et beau le bleu,
Marchant un corps blême, respirant,
Un jeu de cordes.

Appuyé à la colline le frère
Et étranger,
L'abandonné des hommes, tombèrent
Ses paupières humides
Dans une tristesse indicible.
D'un nuage noirâtre
Goutte l'amer pavot.

Blanc de lune se tait le sentier
Le long de ces peupliers
Et bientôt

S'achève le pèlerinage de l'homme,
Patience juste.
Le silence des enfants aussi se réjouit
De la proximité des anges
Dans la prairie de cristal.

4

Garçon à la poitrine brisée
Un chant meurt dans la nuit.
Laisse donc en silence aller sur la colline
Sous les arbres
Suivi par l'ombre du gibier.
Douce odeur des violettes dans le vallon.

Ou laisse dans la maison de pierre entrer,
Dans l'ombre affligée de la mère
Baisser la tête.
Dans la bleuité humide brûle la veilleuse
Toute la nuit ;
Car ne repose plus la douleur ;

Aussi les formes blanches de ceux
Qu'un souffle habite, les amis au loin s'en sont allés ;
Puissamment se taisent les murs alentour.

5

Quand tombe le soir sur la route
Et que rencontre dans un linon bleu
Un trépassé depuis longtemps,
Ô, comme chancellent les pas sonores
Et se tait la tête verdissante.

Vastes sont bâties les villes
Et de pierre dans la plaine ;
Mais l'apatride suit
D'un front nu le vent,

Les arbres sur la colline ;
Aussi le couchant souvent angoisse.

Bientôt bruissent les eaux
Fort dans la nuit,
Touche l'ange les joues
De cristal d'une fille,
Sa chevelure blonde,
L'alourdissent les larmes de la sœur.

Cela est souvent amour : touche
Un buisson d'épine en fleur
Les doigts froids de l'étranger
En passant ;
Et s'effacent les cabanes des villageois
Dans la nuit bleue.

Dans un silence candide,
Dans le blé, où sans voix se dresse une croix,
Apparaît à qui regarde
Soupirant son ombre et trépas.

Page 178. PRINTEMPS DE L'ÂME

1. V. 22-23. « Mystique s'obscurcit/Du bleu. » L'ambiguïté de *dämmern* (voir préface p. 23) permet aussi d'entendre le contraire : « Mystique s'éclaire... »

Page 179. DANS L'OMBRE

1. Une première version de ce poème mérite d'être citée, à cause de son extraordinaire cinquième vers :

Au long des murs

Plus jamais le visage d'or du printemps ;
Rire sombre dans la coudraie. Promenade du soir dans la forêt
Et le cri fervent du merle.
Des jours entiers bruit dans l'âme de l'étranger le vert ardent.

Minute de métal : midi, désespoir de l'été ;
Les ombres des hêtres et le blé jaunâtre.

Baptême dans des eaux chastes. Ô l'homme pourpre.
Mais lui ressemblent forêt, étang et gibier blanc.

Croix et église dans le village. Dans de sombres paroles
L'homme et la femme se sont connus
Et près du mur dépouillé erre le solitaire avec ses astres.

Sans bruit sur les chemins éclairés de lune de la forêt
Sombraient les lieux sauvages de chasses oubliées.
Le regard du bleu jaillit de roches en ruine.

2. Sur *Wildnis* (« lieux sauvages »), cf. p. 139, note 2.

Page 180. CHANT DU SÉPARÉ

1. Cf. p. 149, note 1. Le titre et la thématique du poème se réfèrent aux *Lettres de la vie recluse (Briefe aus der Abgeschiedenheit)* de K. B. Heinrich.

POÈMES PUBLIÉS DANS *LE BRENNER* (1914-1915)

Page 208. GRODEK

1. Le texte de ce poème, le dernier qu'ait écrit Georg Trakl, figure, comme celui de « Lamentation », dans la dernière lettre adressée de Cracovie à Ludwig von Ficker le 27 octobre 1914. Rappelons que la bataille de Grodek, en Galicie, se solda par une défaite autrichienne devant les Russes le 11 septembre 1914.

Page 209. RÉVÉLATION ET ANÉANTISSEMENT

1. *Offenbarung*, dans le titre, signifie aussi « apocalypse » ; *Untergang* peut se traduire par « déclin » ou « anéantissement ». Sur le rapport de cette prose au *Fragment de drame* de 1914, voir la notice, p. 260.

CRÉPUSCULE ET DÉCLIN

1. Rappelons que l'indication R. désigne un poème rimé.

SÉBASTIEN EN RÊVE

SÉBASTIEN EN RÊVE

L'AUTOMNE DU SOLITAIRE

POÈMES PUBLIÉS DANS LA REVUE *LE BRENNER* (1914-1915)

CHOIX DE POÈMES ÉPARS (1912-1914)

FRAGMENT DE DRAME

DOSSIER

DERNIÈRES PARUTIONS

145.	Alphonse de Lamartine	*Méditations poétiques.*
146.	Joë Bousquet	*La Connaissance du Soir.*
147.	Giuseppe Ungaretti	*Vie d'un homme.*
148.	Jacques Audiberti	*Des Tonnes de semence. Toujours.*
149.	Germain Nouveau	*La Doctrine de l'Amour.*
150.	Raymond Queneau	*Courir les rues. Battre la campagne. Fendre les flots.*
151.	Victor Hugo	*Les Orientales. Les Feuilles d'automne.*
152.	Pierre Reverdy	*Ferraille.*
153.	José-Maria de Heredia	*Les Trophées.*
154.	Théophile Gautier	*Émaux et Camées.*
155.	Ossip Mandelstam	*Tristia.*
156.	***	*Anthologie de la poésie chinoise classique.*
157.	Paul Éluard	*Une leçon de morale.*
158.	Yves Bonnefoy	*Poèmes.*
159.	Giacomo Leopardi	*Canti.*
160.	Max Jacob	*Derniers poèmes en vers et en prose.*
161.	Edgar Poe	*Poèmes.*
162.	Victor Hugo	*Les Chansons des rues et des bois.*
163.	Émile Verhaeren	*Les Campagnes hallucinées. Les Villes tentaculaires.*
164.	Pierre Mac Orlan	*Poésies documentaires complètes.*
165.	François Malherbe	*Poésies.*

166.	Alain Bosquet	*Sonnets pour une fin de siècle.*
167.	Lorand Gaspar	*Sol absolu.*
168.	***	*Anthologie de la poésie française du* XXe *siècle.*
169.	Victor Hugo	*Les Chants du crépuscule. Les Voix intérieures. Les Rayons et les Ombres.*
170.	Maurice Fombeure	*Les étoiles brûlées.*
171.	Emily Brontë	*Poèmes.*
172.	François Pétrarque	*Canzoniere.*
173.	Louise Labé	*Œuvres poétiques.*
174.	Jules Romains	*La Vie unanime.*
175.	Édouard Glissant	*Le sel noir.*
176.	Jean Cocteau	*Vocabulaire. Plain-Chant.*
177.	Claude Roy	*Sais-tu si nous sommes encore loin de la mer ?*
178.	Marceline Desbordes-Valmore	*Poésies.*
179.	Jean Follain	*Usage du temps.*
180.	Marie Noël	*Les Chansons et les Heures.*
181.	Maurice Maeterlinck	*Serres chaudes. Quinze Chansons. La Princesse Maleine.*
182.	Pablo Neruda	*Chant général.*
183.	Maurice de Guérin	*Poésie.*
184.	André Frénaud	*La Sorcière de Rome.*
185.	Federico García Lorca	*Suites. Sonnets de l'amour obscur.*
186.	Maurice Scève	*Délie.*
187.	Georges-Emmanuel Clancier	*Le paysan céleste.*
188.	Victor Hugo	*La Fin de Satan.*
189.	Goethe	*Le Divan.*
190.	Marguerite Yourcenar	*La Couronne et la Lyre.*
191.	***	*Anthologie de la poésie française du* XIXe *siècle,* I.
192.	Paul Claudel	*Art Poétique.*
193.	Philippe Soupault	*Georgia. Épitaphes. Chansons.*
194.	Victor Hugo	*L'Année terrible.*
195.	Nicolas Boileau	*Satires. Épîtres. Art poétique.*
196.	Jorge Luis Borges	*Œuvre poétique, 1925-1965.*
197.	Alain Bosquet	*Poèmes, un.*

198.	Pierre de Ronsard	*Les Quatre Saisons.*
199.	André Frénaud	*La Sainte Face.*
200.	Guillevic	*Du domaine.*
201.	Henri Michaux	*Plume.*
202.	Charles Leconte de Lisle	*Poèmes barbares.*
203.	Victor Segalen	*Odes. Thibet.*
204.	Charles Péguy	*Le Porche du mystère de la deuxième vertu.*
205.	Michel Deguy	*Poèmes II (1970-1980).*
206.	André Salmon	*Carreaux.*
207.	Robert Mallet	*Quand le miroir s'étonne.*
208.	André Gide	*Les Cahiers et les Poésies d'André Walter.*
209.	Rutebeuf	*Poèmes de l'infortune.*
210.	Henri Michaux	*Ailleurs (Voyage en Grande Garabagne. Au pays de la Magie. Ici, Poddema).*
211.	Jean Tardieu	*L'accent grave et l'accent aigu.*
212.	Jean-Paul de Dadelsen	*Jonas.*
213.	Clément Marot	*L'Adolescence clémentine.*
214.	Fernando Pessoa	*Le Gardeur de troupeaux* et les autres poèmes d'Alberto Caeiro avec *Poésies d'Alvaro de Campos.*
215.	Georges Ribemont-Dessaignes	*Ecce Homo.*
216.	***	*Anthologie de la poésie française du XVIIe siècle.*
217.	Henri Michaux	*La nuit remue.*
218.	Virgile	*Géorgiques.*
219.	Jules Supervielle	*La Fable du monde. Oublieuse mémoire.*
220.	André Frénaud	*Les Rois mages.*
221.	Jacques Réda	*Amen. Récitatif. La tourne.*
222.	Daniel Boulanger	*Retouches.*
223.	Alain Bosquet	*Un jour après la vie. Maître objet.*
224.	Henri Michaux	*Connaissance par les gouffres.*
225.	Boris Pasternak	*Ma sœur la vie* et autres poèmes.
226.	Georges Perros	*Une vie ordinaire.*
227.	Jacques Roubaud	*ε.*

228. Henri Michaux — *Épreuves, exorcismes.*
229. Georges Séféris — *Poèmes,* suivi de *Trois poèmes secrets.*
230. Pierre Reverdy — *Plupart du temps.*
231. *** — *Chansonnier révolutionnaire.*
232. *** — *Anthologie de la poésie lyrique française des* XIIe *et* XIIIe *siècles.*
233. Daniel Boulanger — *Tchadiennes.*
234. René Char — *Éloge d'une Soupçonnée.*
235. Henri Michaux — *La vie dans les plis.*
236. Robert Sabatier — *Les châteaux de millions d'années.*
237. Norge — *Poésies 1923-1988.*
238. Octavio Paz — *Le feu de chaque jour.*
239. Claude Roy — *À la lisière du temps.*
240. Edmond Jabès — *Le Seuil Le Sable.*
241. Pierre Louÿs — *Les Chansons de Bilitis.*
242. Miguel Angel Asturias — *Poèmes indiens.*
243. Georg Trakl — *Crépuscule et déclin.*
244. Henri Michaux — *Misérable miracle.*
245. Eugène Guillevic — *Étier* suivi de *Autres.*
246. Adonis — *Mémoire du vent.*
247. Max Jacob — *Poèmes de Morven le Gaëlique.*
248. Dylan Thomas — *Vision et Prière.*
249. *** — *Chansons françaises de la Renaissance.*
250. Eugenio Montale — *Poèmes choisis (1916-1980).*
251. Herman Melville — *Poèmes de guerre.*
252. André du Bouchet — *Dans la chaleur vacante.*
253. Gaspara Stampa — *Poèmes.*
254. Daniel Boulanger — *Intailles.*
255. Martial — *Épigrammes.*
256. Michel-Ange — *Poèmes.*
257. John Donne — *Poèmes.*
258. Henri Michaux — *Face aux verrous.*
259. William Faulkner — *Le Faune de marbre. Un rameau vert.*
260. Walt Whitman — *Poèmes.*
261. Stéphane Mallarmé — *Poésies.*
262. Yves Bonnefoy — *Rue Traversière.*

263. *** — *Anthologie de la poésie française du XIXe siècle*, II.
264. Hugo von Hofmannsthal — *Lettre de Lord Chandos.*
265. Paul Valéry — *Ego scriptor.*
266. Goethe — *Élégie de Marienbad.*
267. Lorand Gaspar — *Égée. Judée.*
268. Jacques Réda — *Les Ruines de Paris.*
269. Jude Stéfan — *À la Vieille Parque.*
270. Rainer Maria Rilke — *Lettres à un jeune poète.*
271. Pierre Torreilles — *Denudare.*
272. Friedrich Hölderlin — *Odes. Élégies. Hymnes.*
273. W.B. Yeats — *Quarante-cinq poèmes.*
274. Bernard Noël — *La Chute des temps.*
275. *** — *Anthologie de la poésie russe.*
276. André Chénier — *Poésies.*
277. Philippe Jaccottet — *À la lumière d'hiver.*
278. Daniel Boulanger — *Hôtel de l'image.*
279. Charles Leconte de Lisle — *Poèmes antiques.*
280. Alexandre Pouchkine — *Poésies.*
281. Elizabeth Browning — *Sonnets portugais.*
282. Henri Michaux — *L'infini turbulent.*
283. Rainer Maria Rilke — *Élégies de Duino.*
284. Maurice Blanchard — *Les Barricades mystérieuses.*
285. Omar Khayam — *Rubayat.*
286. Agrippa d'Aubigné — *Les Tragiques.*